理性の限界

不可能性・不確定性・不完全性

高橋昌一郎

講談社現代新書

1948

目次

第二章 科学の限界

第三章　知識の限界

序章　理性の限界とは何か

司会者　ただいまから、「理性の限界」に関するシンポジウムを開催したいと思います。

私たち人間は、何を、どこまで、どのようにして知ることができるのでしょうか？　いつか将来、あらゆる問題を理性的に解決できる日が来るのでしょうか？　あるいは、人間の理性には、永遠に超えられない限界があるのでしょうか？

これらのテーマは、従来は哲学で扱われてきましたが、人間と世界の根源に関わるすべての学問領域とも密接に関連しています。そこで、本日ここには、さまざまな分野の専門家をはじめ、多種多彩な主義主張をお持ちの皆様にお集まりいただきました。

ふだんは、あまり顔を合わせる機会のない皆様に、幅広い多角的な視点から、自由闊達にディスカッションしていただきたいと思います。

選択の限界

会社員　私は哲学のことなどまったく知らないのですが、理性的といいますか、合理的な意思決定をどのように行えばよいのかという問題には、日々直面しております。
先日も、あるプロジェクトを我が社で立ち上げるか否かで、社内の意見が真っ二つに割れました。その後、いくら議論を続けても結論が出ないので、最終的には重役会議の投票で決めました。ところが、その決定が大失敗だった！　役員全員が頭を捻《ひね》って、会社のために最善だと思った投票結果が、実際には間違っていたわけです。

しかし、多数決以上に合理的で民主的な決定手段はないはずですよね？　この失敗は、回避できたのでしょうか？　このように現実的な問題も含めて、あらゆる問題を理性的に解決することなど、人間には不可能なのではないでしょうか？

数理経済学者　非常に興味深い問題ですね。個人においてのみならず、組織や社会における合理的意思決定は、いかにして導かれるのか？　失敗のリスクを最小に、成功のベネフィットを最大に導く方法はあるのか？　とくに、現実世界における選択は、取り返しがつかないわけですから……。

今、投票による合理的で民主的な意思決定という話が出ましたが、実は、多数決原理そのものに、さまざまなパラドックスが内在していることがわかっています。さらに驚かれるかもしれませんが、完全に民主的な社会的決定方式が存在しないことは、すでに数学的に証明されているのです。これが「アロウの不可能性定理」と呼ばれる成果でして……。

司会者　お話の途中ですが、「選択の限界」については、後ほどゆっくり議論していただく予定になっておりますので、それまでお待ちいただけますでしょうか。

それから、このシンポジウムには、一般の方々や学生さんも参加していますので、専門家の皆様には、専門用語をよく嚙み砕いて、わかりやすくご説明いただきたいと思います。

会社員　そうしていただけると、ありがたいです。

ただ、どうしても気になるので、一点だけ質問させてください。現実的な意思決定についての疑問なのですが、誰でも人生の転機には、大きな決断をくださなければならないはずです。

私事で恐縮なのですが、実は私も、近い将来、ある女性と結婚しようと考えておりまして……。ところが、本当にそれでよいのか、もっと別の生き方があるのではないかなどと考えて、なかなか決断できずにいるのです。このような問題にも、理性的な解決がありうるのでしょうか？

哲学史家　それは人生の岐路における大選択ですな。

近代論理学の基礎を構築した哲学者ライプニッツは、あらゆる問題を理性的に解決できると信じていました。いかに複雑な問題であっても、論理的に緻密に解きほぐして計算すれば、明確に答えを得ることができると……。そこで彼は、自分が結婚に迷ったときも、理性的に解決しようとしました。

会社員　それは、いったい、どのようにして？

哲学史家　結婚した場合に想定されるあらゆる可能性を、紙に書き出したわけです。プラスとマイナスを箇条書きにしてね。

ライプニッツは、微積分法を創始したほどの数学の天才でもありますから、それらのプラスとマイナスの組み合わせで生じる新たなプラスとマイナスについても、さらにそれらの組み合わせで生じる新たなプラスとマイナスについても、突き詰めて考え抜いて、詳細に計算し尽くしたに違いありません。

会社員　それで、どうなったのですか？

哲学史家　もちろん、ライプニッツは、結婚をとりやめましたよ。理性的に計算すれば、そうなるに決まっているじゃないですか！

後に彼は、「幸運なことに、彼女は考えさせてほしいと言ってくれた。おかげで、私も考える時間ができたので、結婚せずに済んだ」と安堵の気持ちを手紙に書き残しています。

哲学の創始者ソクラテスは「良妻を持てば幸福になれるし、悪妻を持てば哲学者になれる」と自嘲しています。少なくともライプニッツは、ソクラテスのように悪妻に悩まされる危険性だけは回避できたわけですな……。

究極の限界値

運動選手　僕は、ライプニッツの結婚観には賛成できませんね。だって、愛は理性的に計算できるようなものではないでしょう？　結婚後のプラスとマイナスだって、すべてを予測できるはずもないし……。それに、人生は挑戦の連続だと思いますから、結婚だって挑戦してみなければ、本当に幸福になれるかどうかわからないじゃないですか！

僕がこのシンポジウムに来たのも、「理性」よりは「限界」という言葉に惹《ひ》かれたからです。オリンピックの一流選手たちが、限界に挑戦する姿を思い起こしてみてください！

たとえば、百メートル走の世界記録を振り返ると、二十世紀前半には、「人類は十秒の壁を破れない」と言われてきました。ところが、一九六八年のメキシコ・オリンピックで九秒九五の記録が生まれ、九一年にはカール・ルイスが九秒八六をマークしました。さらに、二〇〇〇年のシドニー・オリンピックでは、モーリス・グリーンが九秒七九、〇七年にはアサファ・パウエルが九秒七四という驚異的な記録を樹立しました。

つまり、世界のアスリートは、常にそれまでの予想を覆し、人間の限界を打ち破ってきているのです。すばらしいことじゃないですか！

生理学者　たしかにおっしゃるとおりですが、それが永遠に続くとは思えませんね。

我々の計算では、百メートル走でヒトが九秒の壁を破ることはありません。さらに、八百メートルでは一分三十秒、千五百メートルでは三分の壁を破ることは、絶対に不可能です。長距離のマラソンでも、現在の世界記録から十八分以上は短縮できないでしょう。

	男　性	女　性
100m	9秒37	10秒15
200m	18秒32	20秒25
400m	39秒60	44秒71
800m	1分30秒86	1分42秒71
1000m	1分57秒53	2分12秒50
1500m	3分04秒27	3分26秒95
1600m	3分18秒87	3分43秒24
2000m	4分11秒06	4分41秒48
3000m	6分24秒81	7分11秒42
5000m	11分11秒61	12分33秒36
10000m	23分36秒89	26分19秒48
マラソン	1時間48分25秒00	2時間00分33秒00

陸上競技の究極の限界値

陸上競技でヒトが到達できる「究極の限界値」は、たかだか上の表のようなものです。

運動選手　どうしてそこまではっきりと断言できるのですか?

生理学者　なぜなら、ヒトの運動能力が、循環器系や筋肉の物理的性質によって制限されているからです。

たとえば、骨格筋が収縮するスピードとパワーには、生理学的に明確な限界があります。男性よりも体脂肪率の高い女性は、それだけ筋肉も少なくなりますから、筋力を用いる競技で女性が男性に勝つことはできません。女性が男性よりも優れている競技は、水泳の長距離のように脂肪が有利に働くものだけです。英仏海峡横断レースの世界記録七時間四十分の保持者も女性で、これは男性の世界記録を三十分以上引き離しています。

陸上競技では、筋肉を増やせば筋力も増えますから、ベン・ジョンソンのように、アナボリック・ステロイド系の筋肉増強剤を用いると、運動能力は飛躍的に向上します。ご承知のように、ジョンソンは、すでに一九八八年のソウル・オリンピックで、グリーンと同じ九秒七九をマークしています。ただし、あのオリンピックから厳しくなったドーピング検査の結果、記録も金メダルも剝奪されましたが……。

運動選手　極端な話ですが、仮に筋肉増強剤の使用が許されたらどうなるのでしょうか？

生理学者　筋肉増強剤は、心臓疾患や肝臓癌をはじめ、腎臓疾患や人格障害など、さまざまな副作用をもたらします。

やはりソウル・オリンピックで三個の金メダルを獲得したフローレンス・ジョイナーを覚えていますか？　彼女が百メートル走と二百メートル走で樹立した世界記録は、いまだに破られていません。ところが、彼女は、三十八歳の若さで心臓発作のため亡くなった。その原因は、筋肉増強剤の過剰摂取だったと言われています。もはや、真相を確かめることはできないでしょうが……。

赤血球生成を刺激して酸素運搬能力を高めるエリスロポエチンや、骨と筋肉の成長を促進する成長ホルモンのような薬物も、確実に運動能力を向上させます。しかし、どれも副作用が強すぎるため、使用を許可すべきではありません。現在、国際オリンピック委員会が禁止している薬物は、百種類以上にのぼるほどですからね。

運動選手　お言葉を返すようですが、もし人間が世界記録を伸ばすことだけを目的として、あらゆる薬物を投与し、徹底的なトレーニングを重ねれば、さきほどの「究極の限界値」も超えられるのではないですか？

生理学者　たしかに薬物やトレーニングによって運動能力は向上しますが、ヒトの身体能力の限界は、最終的には、遺伝子によって定められています。

たとえば、ヒトの循環器系をコントロールするアンギオテンシン交換酵素に影響を与える遺伝子は、I種とD種が確認されているのですが、I種を二個対《つい》で保有するヒトは、D種を二個対で保有するヒトよりも、十倍以上も長時間ウエイトリフティングを続けられたという実験結果があります。

この種の遺伝子は、最近になってようやく解明されつつある段階なのですが、いずれにしても、現在のヒト遺伝子そのものが生物学的に変異して、身長が三メートルとか歩幅が五メートルの新人類にでもならないかぎり、我々の計算した「究極の限界値」を超えることはありません。

運動選手　なんだか、身も蓋《ふた》もない感じですね。それでも世界のアスリートは、その「究極の限界値」を目指して挑戦を続けると思いますが……。

科学の限界

会社員　しかし、百メートル走では、あとたったの〇秒三七で「究極の限界値」に達してしまいますよ。こうなると、スタートだけで勝負が決まってしまうのではないですか？

生理学者　たしかに、百分の一秒を競う短距離レースでは、スタート・タイミングが非常に重要になります。

そもそもスタートのピストル音は、ヒトの耳から脳に沿った神経繊維をインパルスとして伝わります。そのインパルスが大脳皮質で処理されて、足の筋肉に指令を発するわけですが、その反応時間は、一般に〇秒二程度で、どんなに訓練されたアスリートでも〇秒一より速くはなりません。

したがって、国際オリンピック委員会は、スタートの合図から〇秒一以内に反応した選手に対しては、音を予測して動いたとみなして、フライングの判定を行っています。

科学社会学者　それには異論がありますね！　そもそも、人間の音に対する反応時間が、絶対に〇秒一より速くないと断定できますか？

一九九六年のアトランタ・オリンピックの百メートル走では、リンフォード・クリスティがスタートの合図に〇秒〇八で反応して、フライング失格となりました。ところが彼は、絶対に合図を聞いてから動いたと証言している。

その後の実験では、人間の反応時間が〇秒一よりも速くなることもあるという結果も報告されています。インパルスが大脳皮質を経過せずに、脳内のもっと短い神経回路で反応する可能性があるという研究ですが、もちろんご存知でしょうね？

生理学者　その研究は聞いたことがあります。ただし、我々の生理学界では少数派意見なので、申し上げなかっただけです。

科学社会学者　少数派意見ですって？　つまり、あなたがた科学者も多数決にしたがっているというわけですか？

ということは、将来、あなたの理論のほうが多数決で覆されて、少数派になる可能性もあるでしょう。そうなると、国際オリンピック委員会のフライング判定基準も変更されるかもしれない。さらに、あなたの理論に基づいて計算された「究極の限界値」も書き換えられる可能性がありますね？

生理学者　絶対にないとは、言いきれないかもしれませんが……。

科学社会学者　科学者だって間違うこともあります。というか、むしろ科学史を振り返ると、そんな話ばかりですよ。

熱力学第二法則の発見で知られるケルヴィン卿は、空気より重い人工物体が飛行することは不可能だと信じていました。彼と同世代の天文学者サイモン・ニューカムなどは、「現在までに知られている物質と物理学をどのように組み合わせても、人間が空中を長距離飛行するような機械を作ることは不可能である」と堂々と述べて、世間の失笑を買った。というのは、彼は、一九〇二年、ライト兄弟が実際に飛行機で空を飛ぶ一九〇三年の直前に、そのように発言してしまったのでね……。

生理学者　私は、最先端の遺伝子工学と生理学に基づく理論的推定値のことを話しているのであって、百年前の科学者の話と一緒にしてもらっては困ります。

科学社会学者　しかし、科学も人間の営みであることに変わりはない。そして、その人間は、間違いを犯すものです。その点は、百年前も今も変わりはないでしょう！

実験物理学者　いやいや、たしかに人間だから時には間違えることもあるでしょうが、間違えようのない物理的限界が存在することは明らかです。

たとえば、水は摂氏百度で沸騰し、零度で凍ります。これが、一気圧における水分子の化学的性質なのです。さらに我々は、熱力学法則に基づく「絶対零度」（摂氏マイナス二七三度）が存在することも知っている。いかなる物質においても、これ以上の低温は存在しないという絶対的な物理的限界です。

科学社会学者　今、「絶対的な物理的限界」とおっしゃいましたが、それは現代物理学の構造的枠組みにおける限界でしょう？　仮に将来、新たなパラダイム転換が起これば、そのような物の見方そのものが修正されるかもしれません。かつてニュートンが大前提とした「絶対時間」や「絶対空間」の概念そのものが、アインシュタインによって放棄されたようにね。

そもそも「ハイゼンベルクの不確定性原理」によれば、ミクロの物理現象は確率的にしか表現できない。つまり、物理学の根底には、大きな不確定性が横たわっているわけです。さらには……。

司会者　お話の途中ですが、「科学の限界」についても、後ほどゆっくり議論していただく予定になっておりますので、それまでお待ちください。

知識の限界

カント主義者　どうも話が広がり過ぎているような気がするが……。

理性の限界というか、人間の認識の限界については、カントが『純粋理性批判』で徹底的に考えぬいた問題だろう。それ以上、何の話をする必要があるのかね？

要するに、人間が外界を認識できるのは、一切の経験からアプリオリに独立にだね、経験の普遍的形式としての純粋悟性概念を自らの内に有しているからにほかならない。この超越論的自我がだね、純粋直観によって……。

会社員　あの、なにがなんだかまったくわからないんですが……。

論理実証主義者　そうでしょう、わからなくて当然、あなたのほうが正常なのです。

そもそも「純粋悟性概念」とか「超越論的自我」とか「純粋直観」といった観念論的な表現は、無意味な言葉の羅列にすぎませんからね。

カント主義者　なんだって？　君はカントの言葉を「無意味」だと言うのかね？

論理実証主義者　我々の基準に照らして考えると、ほとんど無意味ですね。ドイツの古典的観念論者からフランスのポストモダニストに至るまで、どうして哲学者はこんなに独り善がりな造語を用いたがるのか不思議ですね……。

我々は、論理的に真偽が明確であり、現実世界において実証可能な言語使用以外は認めません。ウィトゲンシュタインは、『論理哲学論考』において、「理性の限界」を「言語の限界」として位置づけています。むしろ我々は、言語の限界に関する議論から出発すべきではないでしょうか？

実験物理学者　空虚な言葉の濫用《らんよう》を排除すべきだという意味であれば大賛成ですが、それにしても「無意味」というのは、ちょっと言いすぎなのでは……。

哲学史家　論理実証主義は、すでに二十世紀に滅びたと思っていましたがね。あまりにも厳しい「有意味性判定基準」を設けたため、自分たちでも何も話ができなくなったというのが、その理由ですが……。

論理実証主義者　いかなる「有意味性判定基準」を設定すればよいのかという点に議論の余地があることは認めましょう。しかし、以前にもまして、現代社会にはあまりにも「無意味」な言語使用が多くなっています。我々は、このような現状を打破するために、再び甦ったのです。

論理学者　それは結構なことかもしれませんね。

ただし、あらゆる哲学的諸問題を言語の分析のみで解決することはできないことは、ウィトゲンシュタイン自身も後に気づいたことでしょう？　さらに、論理実証主義者の理想とする「普遍言語」が存在しないことも、ゲーデルによって証明されています。なんといっても、人間理性の限界を最も端的に表しているのは、「ゲーデルの不完全性定理」ではないでしょうか？

哲学史家　論理的あるいは数学的な限界という意味では、そのとおりでしょうな。

論理学者　理性の限界という以上、チャーチの決定不可能性やテューリングの停止定理、最近のチャイティンのアルゴリズム的情報理論のように、知識そのものに内在する限界の問題を追究すべきなのではないですか？

司会者　また非常に専門的なお話のようですが、わかりやすく嚙み砕いていただいて、「知識の限界」についても、後ほど十分に議論していただきたいと思います。

ディスカッションのルール

カント主義者　いやいや、まずカントを理解すべきだ。

司会者　いろいろなサジェスチョンをありがとうございます。事前に一言だけ、ディスカッションのルールについて申し上げておきます。

ここにお集まりの専門家の方々にかぎらず、人間が二人以上いれば、意見の違いが生じるのは当然です。そこで大切にしていただきたいのは、言うまでもないことですが、「他者理解」、つまり自分以外の人々の考え方や生き方をどのように理解するのかということです。

このシンポジウムでは、意見が違うという結論を主張するのではなくて、なぜ意見が違ってくるのか、その理由を討論していただきたい。それを、聴衆の皆様にも一緒に考えていただきたいのです。

カント主義者　そんなことはわかっておる。そもそも「他者理解」の重要性から出発して「世界平和」の必要性を説いた最初の人物こそが、カントなのだ。

司会者　一般に、議論とかディベートとかというと、結論を押しつけるための手段と思われがちですが、これは間違いだと思います。

議論は、合意のみを目的に行うものではありませんし、反発するためのものでもありません。むしろ、相手と意見が違うことを楽しんでほしいわけです。

互いの意見や立場の違いを明らかにしていく過程で、それまで気づかなかったものの見方を発見すること、さらに、そこからまったく新しい発想を生みだすこと、これこそが議論の目的であり、醍醐味なのです！

カント主義者　君の方針は、よくわかった。しかしだね、いずれにしてもカントを抜きにして「理性の限界」を語ることはできないはずだ。そこで私は、今から全員で『純粋理性批判』の読解から始めることを提案する。

司会者　その提案は却下させていただきます。このシンポジウムのテーマは「理性の限界」であって、カントの見解はその一部にすぎないのですから。もちろん、議論に参加していただくことは結構ですが……。それに、カントの『純粋理性批判』と聞くだけで、拒絶反応を起こして寝てしまう聴衆もいるのです。

カント主義者 そういえば、たしかに私の大学の講義中には、学生諸君がみんな気持ちよさそうに眠っておる。あれは、カントに対する拒絶反応だったとは……。

司会者 ……。ともかく、個人の信念は自由ですから、どのような信念をお持ちになってもかまいませんし、その信念は尊重されなければなりません。

ただ、繰り返しになりますが、このシンポジウムでは、なぜその信念が導かれるのか、その理由を皆様に話し合っていただきたいのです。その話し合いによってこそ、新たに見えてくるものがあるはずですから……。

会社員 このシンポジウムの理念やディスカッションのルールについては、よくわかりました。それにしても、「理性の限界」といっても、いまだに私の頭の中では漠然としています。どこから議論を始めるのでしょうか？

司会者 具体的には、すでに話の出た「選択の限界」・「科学の限界」・「知識の限界」の三つのセッションに沿って、ディスカッションを進めていただきたいと思います。

とくに二十世紀に発見された「アロウの不可能性定理」・「ハイゼンベルクの不確定性原

理」・「ゲーデルの不完全性定理」は、「理性の限界」を示す帰結として各分野に大きな影響を与えていると聞いています。これらの三つの定理が何を意味するのかについては、徹底的にわかりやすく議論していただきたいと思います。

シェイクスピア学者　それは準備万端ですな。ついでに、休憩時間にはよい音楽を聴かせていただけますかな？　「音楽が恋の養いになるものなら弾いてくれ」ですからな。恋というよりも、白熱した議論を和らげるには、すばらしい音楽と極上のワインにかぎる。

司会者　承知しました。

それから、シンポジウム終了後の懇親会には、世界各国のシェフを招いた豪華ディナーを用意してあります。世界中から取り寄せたリキュールも飲み放題です。

それでは皆様、よろしくお願いいたします。このシンポジウムから、実り豊かな成果が生まれることを期待しております。

一同　（拍手）

第一章　選択の限界

1　投票のパラドックス

司会者　それでは、第一のセッション「選択の限界」を始めさせていただきます。

このテーマを最初に選んだのは、何かを選択するという行為が、私たちに非常に身近なものだからです。飲み物をコーヒーにするか紅茶にするか、今夜の夕食を何にするかといった日常茶飯事の選択から、進学や就職のように人生を左右する選択、選挙の投票のような社会的選択から、戦争のように人類存亡に関わる究極の選択に至るまで、人間は常に選択を迫られているといっても過言ではありません。

どのようにすれば、これらの選択を理性的に行うことができるのでしょうか？　そもそも何かを理性的に選択するとは、どのようなことなのでしょうか？　そして、その限界はどこにあるのでしょうか？

会社員　さきほど、人間が二人以上いれば、意見の違いが生じるのは当然だとおっしゃいましたね。だからこそ、なぜ意見が違ってくるのか、その理由を討論するためのシンポジウムも成立すると……。

しかし、会社などでもそうですが、意見の異なる人々が集まって、集団で一個の決定を下さなければならないこともあります。このような集団の社会的選択は、どのようにすれば理性的に行うことができるのでしょうか？

大学生A　実は今、その集団の社会的選択の話で困っているんです。

私は大学四年生なのですが、大学生生活最後の春休みに、サークルの仲間三人組で、卒業記念の海外旅行に行くことにしました。それで、どこへ行くかを三人で話し合ったんですが、私はニューヨーク、B子はウィーン、C子はパリに行きたいと言って、なかなか話がまとまらないんです。

司会者　それは、三者三様ですね。三ヵ所全部を回るわけにはいかないんですか？

大学生A　就職先の研修日程の都合で、目的地は一ヵ所に絞らなければならないんです。するとC子が、「このままじゃ決まらないから、多数決の勝ち抜きで絞っていこうよ。まずニューヨークとウィーンだったら、どちらがいい？」と言いました。そこで、この二ヵ所で投票すると、二対一でニューヨークが勝ちました。次にニューヨーク対パリで投票すると、二対一でパリが勝ちました。

こうして私たちは、多数決にしたがって、パリへ行ってきたのです。

司会者　なんですって？　もう行ってきたんですか？

大学生A　はい。先日帰国したばかりです。

会社員　まあ、いずれにしても、よかったじゃないですか。楽しかったですか？

大学生A　はい。エッフェル塔とシャンゼリゼが素敵でした。それに、ルーブル美術館にも感動したし、料理もワインも美味しかったし、いろいろな買い物もできたし……。とても記念になる楽しい卒業旅行ができました。

司会者　それじゃあ、いったい何にお困りなんですか？

大学生A　実は、帰りの飛行機の中で、B子が考え込んで、あの多数決は変だったと言い出したんです。もしあのとき、ニューヨーク対ウィーンではなくて、ニューヨーク対パリから勝ち抜きを始めたらどうなってたかって……。

それで、飛行機の中で、もう一度多数決の勝ち抜きで投票してみました。ニューヨーク対パリで投票すると、二対一でパリが勝ちました。次にパリ対ウィーンで投票すると、なんと二対一でウィーンが勝ちました。つまり私たちは、パリではなくて、ウィーンに行っていたはずなんです。それでB子ががっかりしてしまって……。

コンドルセのパラドックス

数理経済学者　ははあ、なるほど。あなたのおっしゃる問題がわかりました。少し整理してみましょう。

一般に、与えられた選択肢に優先順位をつける順序を「選好順序」と呼びます。わかりやすく「XをYよりも好む」ことを「X∨Y」と表記すると、あなたがた三人の選好順序は、次のように表されるはずです。

A　ニューヨーク∨ウィーン∨パリ
B　ウィーン∨パリ∨ニューヨーク
C　パリ∨ニューヨーク∨ウィーン

大学生A　たしかに、そのとおりの順番になると思います。

数理経済学者　ここで「ニューヨークとウィーンのどちらを選ぶか」という投票を行うと、AとCの選好順序により、二対一でニューヨークが選ばれる。そして「ニューヨークとパリのどちらを選ぶか」という投票を行うと、BとCの選好順序により、二対一でパリが選ばれる。それであなたがたはパリに行ったんですね？

大学生A　そうです。

数理経済学者　ところがね、そこでさらに「パリとウィーンのどちらを選ぶか」という投票を行っていれば、今度はAとBの選好順序により、二対一でウィーンが選ばれるのです。

実は、あなたがた三人を一つの集団として考えると、この集団は、ウィーンよりもニューヨーク、ニューヨークよりもパリを好むにもかかわらず、パリよりもウィーンを好むのです。不思議でしょう？

一般に、「もしXをYよりも好み（X＞Y）、YをZよりも好む（Y＞Z）ならば、XをZよりも好む（X＞Z）」という性質を「選好の推移律」と呼びます。

たとえばA子さんは、ニューヨークをウィーンよりも好み、ウィーンをパリよりも好むわけですから、当然ニューヨークをパリよりも好むはずですね。

大学生A　はい、そうです。

数理経済学者　ところが、個人において成立している選好の推移律が、集団においては成立しない事例があるのです。これは一七八五年にフランスの数学者コンドルセが初めて定式化したもので、「コンドルセのパラドックス」と呼ばれています。

あなたがた三人の集団の選好も、まさにこのパラドックスを表しているのです。このような集団の特徴は、三つの選択肢のうち「二つの選択肢の勝者」と「残りの選択肢」を勝ち抜き投票で定めると、「残りの選択肢」が必ず勝つことにあります。

つまり、あなたがた三人の集団の勝ち抜き投票では、ニューヨークとウィーンから始めるとパリ、ウィーンとパリから始めるとニューヨーク、パリとニューヨークから始めるとウィーンに決定するわけです。

大学生A　驚きました！　C子は、そのことを知っていたのかしら……。

国際政治学者　ははは。C子さんが今の話をすべて理解していたうえで、パリに決まるように多数決に話を持っていったのであれば、なかなかの策略家ということになりますね。

いずれにしても、あなたがたには今後いくらでもチャンスがあるんだから、また皆さんでニューヨークでもウィーンでもいらっしゃればいいじゃないですか。

カント主義者　いいや、そうはいかん！

たしかに、若者が海外旅行に行く機会は、これから何度でもあるだろう。しかし、大学の卒業記念旅行に行くという唯一無二の機会は、二度とは繰り返されないじゃないか！　君たち三人組が、ニューヨークでもウィーンでもなく、パリを卒業記念旅行に選んだという主観的経験判断は、永遠に消え去ることがないのだ！

国際政治学者　なんだか大げさですね。もう終わったことだし、いいじゃないですか。

カント主義者　それはばかりじゃない。C子の行為は、カントの純粋実践理性の根本法則にも違反している可能性がある。

大学生A　カントの何ですって？

カント主義者　カントの「純粋実践理性の根本法則」だよ。「君の意志の格律が、いつでも同時に普遍的立法の原理として妥当するように行為せよ」ということだ。

司会者　もっとわかりやすく言っていただけませんか。

カント主義者　要するにだね、カントによれば、人は、自分がなにか行動しようとするとき、それが普遍的な法となって、万人が同じ行動をとってもよい場合にかぎって、その行動をとってもよいのだ。逆に言えば、人は、自分の行動が普遍的な法であることを望まなければ、いかなる行動も行うべきではないのだ。

C子は、ニューヨーク対ウィーンから始める勝ち抜き投票を提案した。それならば、A子はウィーン対パリ、B子はパリ対ニューヨークから始める勝ち抜き投票を提案する権利があった。もしC子がその平等性に関わる権利を認識していたにもかかわらず、自分の提案だけから全体の決定を誘導したのであれば、カントの道徳律に違反するわけだ。もっとも、それに気がつかなかったA子とB子が間抜けなのだが……。

運動選手　間抜けというのは、ちょっと言いすぎじゃないですか。

誰でも多数決と言われれば、公平な決め方だと思うでしょう。勝ち抜き投票の順番をどうするかなんて、なかなか気がつかないことだと思いますよ。それに、C子さんだって、結果を意識せずにニューヨーク対ウィーンから多数決を始めたかもしれないし……。

大学生A　きっとそうだろうと思います。C子は複雑なことを考えるのが苦手だし……。

それに、私はパリが第三希望だったのですが、行ってみたら楽しい発見もたくさんあったし、後悔していません。B子も、何が原因だったのかよく理解できたら、また元気になると思います。

司会者　それにしても、投票を行う順番によって結果が変化するとは、驚くべき現象ですね。これでは、多数決といっても、まったく理性的とはいえないですね……。

数理経済学者　そうですね。もうお気づきでしょうが、この三人の集団の選好順序は、ジャンケンと同じパターンになっているのです。グーはチョキより強く、チョキはパーより強いのに、パーはグーよりも強い……。

このような集団で多数決の勝ち抜き投票を行うと、どの投票経路を辿《たど》っても同一候補者が当選すべきだという民主主義の大原則「経路独立性」を保つことができないのです。グーとチョキから始めればパー、チョキとパーから始めればグー、パーとグーから始めればチョキが必ず勝つのです……。

運動選手　でも、それは勝ち抜き投票というか、トーナメント方式の宿命なのではないですか？

オリンピックのトーナメントでも、優勝候補同士が一回戦でぶつかることがありますよね？　その不利を救うために敗者復活戦があるわけですが、本来は銀メダルかそれ以上と思われた候補が、一回戦で負けて、その後の敗者復活戦で全勝で勝ち進んでも銅メダルまでしか届かない。逆に、トーナメントの組み合わせ次第では、本来は五位入賞も危ぶまれるチームが、銀メダルを受賞することもあります。

ボルダのパラドックス

司会者　すると、勝ち抜き投票という選択方式に問題があるのでしょうか。

数理経済学者　それもそうなのですが、それればかりではありません。実は、複数の選択肢から単数を選択して投票する「単記投票方式」そのものが、必ずしも民主的な投票方式ではないことがわかっているのです。このことは、コンドルセと同時代に活躍したフランスの数学者ボルダによって最初に指摘されました。

たとえば、七名が一緒に旅行に行くとして、各々が次のような選好順序をもつと仮定します。

A　ニューヨーク＞ウィーン＞パリ
B　ニューヨーク＞ウィーン＞パリ
C　ニューヨーク＞ウィーン＞パリ
D　ウィーン＞パリ＞ニューヨーク
E　ウィーン＞パリ＞ニューヨーク
F　パリ＞ウィーン＞ニューヨーク
G　パリ＞ウィーン＞ニューヨーク

この集団が「最も行きたい目的地」を単記投票すると、ニューヨーク（三票）・ウィーン（二票）・パリ（二票）となり、ニューヨークに決定します。

ところが、同じ集団で「最も行きたくない目的地」を単記投票すると、ニューヨーク（四票）・ウィーン（〇票）・パリ（三票）となり、これもニューヨークに決定するのです。

つまり、この七名の集団が単記投票すると、「最も行きたい目的地＝最も行きたくない目的地」となるわけで、とても理性的な選択とはいえないことになるでしょう。

司会者　しかし、単記投票といえば、最も一般的に選挙で用いられている方式ですね。

現実に、そのように矛盾した結果が表れることはあるのでしょうか?

運動選手　矛盾した結果といえば、スポーツの世界で、こんなことがありました。一九八四年の第十四回冬季オリンピック開催地をめぐって、国際オリンピック委員会の七十五名の委員が投票を行いました。その結果は、一位札幌(三十三票)、二位サラエボ(三十一票)、三位イエテボリ(十票)、無効が一票でした。したがって、単純な多数決ならば、札幌が開催地に選ばれたはずです。

ところが、国際オリンピック委員会には、「過半数を満たさなければ決選投票を行わなければならない」という規定があります。そのため、上位二者による決選投票が行われました。その結果は大方の予想を覆すもので、一位サラエボ(三十九票)、二位札幌(三十六票)となって、開催地はサラエボに決定したのです。

国際政治学者　だからこそ、そこに政治が生じるわけですよ。予備選と決選で第一位が覆るなんてことは、政治の世界では日常茶飯事ですからね。

会社員　今のお話のオリンピック開催地の投票では、予備選で上位二者に入っていなかった十一票のうち、八票がサラエボに流れたわけですね。その背景には、きっといろいろな政治的駆け引きがあったんでしょうね。

ただし、最終的にはサラエボが過半数以上を得たわけですから、一回きりの投票よりは納得できるような仕組みになっているのではありませんか？

数理経済学者　一回きりの単純な多数決の欠点を回避するために考案されたのが、単記投票第一位の得票数が過半数に満たない場合は上位二者の決選投票を行うという「上位二者決選投票方式」です。これが国際オリンピック委員会の用いている方式なのですが、実は、この方式でも必ずしも矛盾を回避できないことを、簡単に例示できるのです。

再び七名が一緒に旅行に行くとして、各々が次のような選好順序をもつと仮定します。

A	ニューヨーク＞パリ＞ウィーン
B	ニューヨーク＞パリ＞ウィーン
C	ニューヨーク＞パリ＞ウィーン
D	パリ＞ウィーン＞ニューヨーク
E	パリ＞ウィーン＞ニューヨーク
F	パリ＞ウィーン＞ニューヨーク
G	ウィーン＞ニューヨーク＞パリ

この七名が「最も行きたい目的地」を単記投票すると、ニューヨーク（三票）とパリ

（三票）の決選投票になって、ニューヨーク（四票）に決定します。

ところが、「最も行きたくない目的地」を単記投票すると、ニューヨーク（三票）とウィーン（三票）の決選投票になって、これもニューヨーク（四票）に決定します。

つまり、上位二者の決選投票で過半数以上の票を得ていながら、この集団においては、再び「最も行きたい目的地＝最も行きたくない目的地」という矛盾が生じるわけです。

司会者　決選投票まで行って過半数以上の票を得ているにもかかわらず、集団の最も希望する選択肢と最も希望しない選択肢が合致するとは、これも驚くべき現象ですね。これでは、多数決といっても、完全に矛盾している……。

アメリカ合衆国大統領選挙の矛盾

国際政治学者　現実の選挙における矛盾といえば、なんといっても二十一世紀最初の第四十三代アメリカ合衆国大統領を決める選挙が記憶に新しいですね。
アメリカの大統領選挙は、五十州とコロンビア特別区の全有権者が、まず予備選で五百三十八名の選挙人を選出し、その選挙人が決選を行った結果、過半数二百七十名以上の票を獲得した候補者が大統領に選ばれるという二段階の間接選挙になっています。

各州では、その州から選出される連邦議会の上下両院議員の合計数と同じ選挙人が選ばれるのですが、ここで注意しなければならないのは、四十八州とコロンビア特別区が、いわゆる「勝者独占方式」を採用していることです。この方式によれば、州の予備選挙の勝者が、その州のすべての選挙人の票を獲得できます。たとえばフロリダ州の予備選挙の勝者は、同州の選挙人二十五名全員の票を獲得できるわけです。

さて、アメリカ合衆国大統領選挙は、二〇〇〇年十一月七日に予備選が行われ、共和党のブッシュ候補が二十八州で勝って、選挙人二百四十二名を獲得しました。ところが、民主党のゴア候補も、最大票田のカリフォルニア州をはじめとする十八州で勝利して、ブッシュ候補とまったく同数の選挙人二百四十二名を獲得したのです。

司会者　たしかに、歴史上類をみない大接戦でしたね。

国際政治学者　選挙戦の行方は、残る数州の中で、とくに大票田フロリダ州の選挙人二十五名をどちらが獲得するかにかかっていました。

そして、フロリダ州予備選挙の開票結果によれば、ブッシュ候補が二九〇万四一九八票、ゴア候補が二九〇万二九八八票を獲得し、わずか一二一〇票の僅差とはいえ、ブッシュ候補が勝ったと思われました。

そのため、テレビ各局の速報でもブッシュ候補の当選確実が報道されたのですが、その後、フロリダ州の海外居住者による投票の未集計分が二三〇〇票も残っていることが判ったため、あわてて速報も取り消されました。さらに、ゴア陣営は、フロリダ州の集計方法に対して訴訟を起こし、フロリダ州最高裁判所が、手作業による再集計を命令するという異例の事態に進展しました。その後、一ヵ月以上も混迷が続きましたが、ついに連邦最高裁判所がフロリダ州最高裁判所の裁定を破棄しました。

会社員　フロリダ州最高裁判所と連邦最高裁判所の判定が、それぞれ民主党寄りだとか共和党寄りなどとも報道されていましたが……。

国際政治学者　最終的に、ブッシュ候補は、わずか一九三票の僅差でフロリダ州を制して、同州の選挙人二十五名の票を獲得し、過半数を一名上回る合計二百七十一名の選挙人票を獲得して、新大統領に就任しました。

ところが、予備選の有権者の投票総数約一億三八万票を見ると、ゴア候補がブッシュ候補を約三三万票も上回る逆転現象が生じていたのです。つまり、これが国民の直接選挙だったら、ゴア新大統領が誕生していたわけです！

会社員　もし民主党のゴア大統領が誕生していたら、二十一世紀の世界情勢は大きく変化していたでしょうね……。

国際政治学者　アメリカの大統領が違っていたら、二〇〇一年に始まった対テロ政策も違ってきたでしょうし、アフガニスタンから中東にいたる情勢も大きく変化して……。

司会者　そのお話はまた別の機会に伺うことにして、それにしても、ゴア候補の獲得した投票総数が、約三三万票もブッシュ候補を上回っていたとは驚きました。本来の多数決の考え方ならば、合衆国の有権者は、ゴア候補を選択していたと言えるのではないでしょうか？

フランス共和国大統領選挙の矛盾

国際政治学者　アメリカばかりではありません。ブッシュ大統領誕生から二年後の二〇〇二年、今度はフランスの大統領選挙でも、世界に波紋を投げかける出来事が起こりました。

会社員　フランスといえば、合衆国独立百周年を記念してアメリカに「自由の女神」を贈ったほどの民主主義国家ですよね。たしか大統領も、直接選挙で選ぶということで……。

国際政治学者　そのとおりです。よくご存知ですね。

少し歴史的な経緯をお話しすると、一九五八年に第五共和政憲法が制定された際、フランスの大統領は、全国約八万人の選挙人によって選出される仕組みでした。つまり、アメリカと同じような間接選挙で選ばれていたわけですが、ド・ゴール大統領がこれを直接選挙に変える憲法修正案を提出し、一九六二年の国民投票によって現行制度が承認されました。

大学生A　国民が直接投票して、自分の国の大統領を選ぶなんて、最高に民主的な方法だと思いますが……。この方式ならば、アメリカのように三三万票もの有権者票が活かされないということはないでしょう？

国際政治学者　それはそうなのですが、なかなか難しい側面もあるのです。

フランスでは、大統領が首相を任命する権限を持ち、首相は内閣を組織し、内閣は議会に対して責任を負うという政治構造になっています。ただし、大統領が首相を任命できるといっても、議会の多数派を掌握しなければ、現実の政治は機能しません。そこで、大統領は、所属政党ではなく反対政党から首相を任命せざるをえない状況が生じます。

一九九五年に就任した保守系与党「共和国連合」のシラク大統領も、左翼系野党の「社会党」からジョスパン首相を任命しました。これがフランス特有の「コアビタシオン」(保革共存)と呼ばれる政策で、実は一九六〇年代から、このような状況が続いているのです。

会社員　つまり、国民投票で選ばれる大統領が、議会の多数派政党に所属しているとは限らないということですね。

国際政治学者　そういうことです。

さて、フランスの大統領は、有権者が直接単記投票を行い、有効投票総数の過半数以上を獲得した候補者が当選する仕組みになっています。ただし、もし単記投票第一位の得票数が過半数に満たない場合は、上位二者の決選投票を行うという「上位二者決選投票方式」になっています。

運動選手　それは、国際オリンピック委員会の方式とまったく同じじゃないですか。すると、さきほどの説明にあったような問題を抱えているはずですね?

国際政治学者　おっしゃるとおりです。そして、その問題が、現実に生じたわけです。

二〇〇二年四月二十一日、フランス共和国大統領の第一回選挙が行われました。この年の選挙には、フランス第五共和政憲法が制定されて以来、最多の十六名の候補者が立候補しました。ただし、実質的には、現職のシラク大統領とジョスパン首相の一騎討ちだと誰もが思っていました。

選挙直前の三月に行われた世論調査によれば、第一回選挙でシラク候補に投票すると答えた有権者は約二一パーセント、ジョスパン候補も約二一パーセントで並び、他の十四名の候補者は誰も一〇パーセントにさえ達しませんでした。したがって、シラク候補対ジョスパン候補の決選となることはほぼ確定的でした。決選投票の世論調査の結果を見ると、ジョスパン候補に投票すると答えた有権者は約五一パーセント、シラク候補は約四九パーセントで、ジョスパン新大統領が誕生するのではないかというのが、大方の予想でした。

大学生A　それで、どうなったのでしょうか？

国際政治学者　第一回選挙の結果、第一位はシラク候補で五六六万五八五五票だったのですが、第二位に予想外の候補者ルペン候補の四八〇万四七一三票が入り、ジョスパン候補は第三位の四六一万一一三票でした。

驚くべきことに、ジョスパン候補は、決選に進めなかったのです。

会社員　ルペンという候補者が、ジョスパン候補を上回って決選に進むことになったのですね。この候補者は、どのような人物なのですか？

フランス社会主義者　ルペンという候補者はですね、「国民戦線」という極右政党の党首ですよ。「国民戦線」という名称からもおわかりでしょう？　ナチスを肯定するファシスト集団です！　なにしろ彼は、第二次大戦中のヒトラーのユダヤ人虐殺を「些細なこと」と平気で言ってのけるほどの人物ですからね。

ルペンのスローガンは「フランス人のためのフランス」です。一見すると愛国主義のように聞こえますが、実際には移民に対する人種差別的な排斥発言を行い、過激なフランス国粋主義を主張しているのです。もし彼が大統領になったら、フランスはEUから脱退し、ヨーロッパは大混乱に陥るに違いありません！

フランス国粋主義者　しかしだね、シラク政権がEU統合やユーロ通貨統合に安易に妥協した結果、どうなったと思う？　無数の移民がフランスに流れ込んできて、失業者が増大し、凶悪犯罪率も増加する一方じゃないか！

フランスの国籍法では、外国人の子供でも、フランスで生まれて十八歳前に五年間居住するだけで、フランス国籍を取得できる。今ではフランス人の十人に一人が移民になってしまった。そのおかげで、俺も失業してしまったんだ！

ルペンは、国籍法を日本のように厳しくすべきだと言っている。俺たちがルペンを支持するのは、ルペンが無節操な移民受け入れに反対し、安易なEU統合に反対し、国内の治安を強化して、強いフランスを取り戻してくれるからだ！　ルペン万歳！　フランス万歳！

運動選手　今思い出したのですが、ルペン候補は、アルジェ出身のフランスのサッカー代表選手を「国歌も歌えない外国人」だと批判したことがありましたね。

国際政治学者　そうです。ルペン候補は、「大統領になったら移民を追放する」とまで公言していますからね……。

いずれにしても、第一回選挙の後、フランスでは大騒ぎになりました。マスコミや文化人は大変な危機感を募らせ、フランス各地で大規模な「反ルペン」デモが行われました。

司会者　それで、決選投票の結果はどうだったのでしょうか？

国際政治学者　もちろん、シラク候補が国民の八二パーセント以上の票を獲得して圧勝しました。ただし、これはフランス国民が「反ルペン」で団結した成果であって、必ずしもシラク候補が積極的に推されたわけではありませんが……。

司会者　それにしても、ルペン候補は、なぜそのように躍進できたのでしょうか？

国際政治学者　最大の理由は、シラク候補とジョスパン候補が、コアビタシオン政権の現職の大統領と首相だったことでしょうね。フランス国民からすれば、大統領選挙といっても、事実上は、この二人の役職を交換する程度の意味しか持たなかった。実際、第一回選挙の投票率も、過去の大統領選挙で最低の七〇パーセント程度と低かった。

さらに、十六人の候補者のうち、七人もの候補者が左派から乱立したため、ジョスパン候補の票が食われてしまったことも大きいですね。

一方、シラク候補とジョスパン候補の共存政権に不満を抱く国民は、現政権を最も痛烈に批判するルペン候補に投票し、それが思わぬ成果を生んだと分析できます。

大学生Ａ　国民の直接投票には、そのような危険な一面があるということですね。

国際政治学者　そうです。アメリカ合衆国のような二大政党制の間接選挙であれば、候補者が事前に絞り込まれるので、ルペン候補のようなタイプの候補者が決選に残るチャンスは、まずなかったでしょう。

哲学史家　それにしても、フランスのお話を伺っていると、第一次大戦後にヒトラーやムッソリーニが台頭した状況に似ているようではありませんか？

もし第一回選挙の結果を見たフランスの大衆が、逆にルペンの躍進に熱狂していたら、どうなっていたのでしょうか？　もし決選でも一気にルペンに票が流れ込んでいたら？

国際政治学者　第一回選挙で約四八〇万票だったルペン候補の得票数が、第二回選挙では約五五〇万票に増えていることも事実です。あれほどの「反ルペン」キャンペーンが、フランス全土で行われたうえで得票数が増加したことを考えると、もっと根本的な政治的要因を分析する必要があるかもしれませんね。

そもそも、ヨーロッパ諸国全般が右傾化していることは事実なのです。たとえばオーストリア共和国では、旧ナチス支持者を母体とする「自由党」が大躍進し、二〇〇〇年に連立政権に加わるようになりまして……。

司会者　お話の途中ですが、ヨーロッパ諸国の政治の話は別として、アメリカとフランスという民主主義を代表する二つの国家の大統領選挙にさえ、大きな問題のあることがよくわかりました。なぜこのようなことが生じるのでしょうか？

2　アロウの不可能性定理

国際政治学者　二〇〇〇年のアメリカ大統領選挙と二〇〇二年のフランス大統領選挙に共通する大問題は、一言で言うと「真の大統領」候補が落選した点にあるといえます。

アメリカでは、予備選でゴア候補に投票した有権者の投票総数が、約三三万票もブッシュ候補を上回っていました。フランスでは、決選でシラク候補に勝つだろうという世論調査の出ていたジョスパン候補が、決選そのものに進めませんでした。

大学生A　ゴア候補とジョスパン候補は、それだけ僅差で落選してしまったということなのでしょうか？

数理経済学者　というよりも、むしろ選挙制度によって落選したと言うほうが適切かもしれませんね。逆に言うと、選挙制度さえ異なっていたら、国民の選好順序の高かったゴア大統領とジョスパン大統領が誕生していたわけです。

要するに、国民の「真の選好順序」が、必ずしも選挙結果に現れるとはかぎらないということです。

コンドルセ勝者

大学生A　その原因は、さきほどおっしゃったように、「単記投票方式」の問題にあるのでしょうか？

数理経済学者　そのとおりです。

ここでわかりやすい例を出しましょう。有権者数一億五〇〇〇万人の国で、三名の大統領候補者に対して、国民が単記投票の直接選挙を行ったところ、次のような結果で、A候補が当選したとします。

選挙結果
A　三九〇〇万票　［当選］
B　三五〇〇万票
C　三一〇〇万票

さて、候補者は三名ですから、この三名を好ましい順序に並べる順列は六通りになります。この世論調査を国民全員に行ったところ、次のような結果になったとします。

選好順序

①	A＞B＞C	一〇〇〇万人
②	A＞C＞B	二九〇〇万人
③	B＞A＞C	一一〇〇万人
④	B＞C＞A	二四〇〇万人
⑤	C＞A＞B	一一〇〇万人
⑥	C＞B＞A	二〇〇〇万人

ここでAとBの選好順序を比較すると、AをBよりも好む有権者は五〇〇〇万人（①＋②＋⑤）、BをAよりも好む有権者は五五〇〇万人（③＋④＋⑥）なので、AよりもBが好まれることがわかります。

次にAとCの選好順序を比較すると、AをCよりも好む有権者は五〇〇〇万人（①＋②＋③）、CをAよりも好む有権者は五五〇〇万人（④＋⑤＋⑥）なので、AよりもCが好まれることがわかります。
最後にBとCの選好順序を比較すると、BをCよりも好む有権者は四五〇〇万人（①＋③＋④）、CをBよりも好む有権者は六〇〇〇万人（②＋⑤＋⑥）なので、BよりもCが好まれることがわかります。
つまり、各候補者を一対一で個別に比較した結果、この国の国民全体の選好順序は、「C＞B＞A」になるわけです。ところが、実際の選挙結果は、その正反対の「A＞B＞C」になって、Aが当選していますね。

大学生A　たしかに、選挙結果とは完全に正反対の順番になっていますね。驚きました！

数理経済学者　もしこの国の選挙制度が、各候補者一対一の「総当たり決選方式」だったとすると、国民全体の選好順序でトップだったCが当選することになります。
実は、数学者コンドルセは、一対一の総当たり決選方式で勝ち抜くCのような候補者こそが、集団の「真の選好順序」を満たす勝者だと考えました。その後、このような勝者のことを「コンドルセ勝者」と呼ぶようになりました。

大学生A　フランス大統領選挙では、ジョスパン候補がコンドルセ勝者だったのですね？

国際政治学者　世論調査の結果を見るかぎり、ジョスパン候補は、対ルペン候補はもちろん、対シラク候補にも勝っています。さらに、あらゆる他の候補者よりも人気があった。

ということは、ジョスパン候補はコンドルセ勝者だった可能性が高いですね。

会社員　それにしても、「総当たり決選方式」というのは、現実的ではありませんよね。たとえば、十六人が立候補したフランス大統領選挙では、何回選挙を行うことになりますか？　十六人から二人を選ぶ組み合わせだから、百二十通りになるのかな……。こんな膨大な数の投票を一度に実施することは、とても不可能でしょう？

複数記名方式と順位評点方式

数理経済学者　たしかに候補者が多くなればなるほど、「総当たり決選方式」は実現が困難になります。それに、さきほども言いましたが、そもそも単記投票方式自体が不合理な問題を抱えているわけです。

そこで数学者ボルダは、複数候補者の「順位評点方式」を提案しました。これは投票者が候補者を好ましい順に並べて投票するもので、たとえば候補者が三名であれば、一位三点、二位二点、三位一点のように評点を与え、その総得点の高い候補者を当選とする方式です。この評点は、「ボルダ点」と呼ばれています。

運動選手　それは公平に見えますね。有権者の選好の順番によって評点が加算されるわけだから、単記投票よりもずっと有権者の選択が活かされる気がします。

会社員　たしかにそうですね。でも、これも現実の処理が大変なのではないですか？　たとえば、もしフランス大統領選挙がこの方式だったら、有権者は十六人の候補者を順番に並べなければならないわけでしょう？　これでは有権者も大変だし、集計処理などはもっと大変になるでしょう。

数理経済学者　順位評点方式には実にさまざまなバリエーションがあって、必ずしも全候補者を順番に並べなくてもよいのですが、それでも実際の集計処理が煩雑になるのはたしかですね。

まず何名の候補者を記入するかの問題ですが、これ自体を有権者の自由に任せるという認定方式もありますし、最初から五名ならば五名のように固定された候補者のみを複数記入するという方式もあります。

たとえば五十名のクラスで五名の委員を決めたければ、全員がふさわしいと思う五名を自由に記入する方式が考えられます。この五名に平等に一点ずつ与えて集計し、総計の高い五名を選ぶ方式もあるでしょうし、その五名に順位を付けて投票してもらい、一位五点、二位四点のようにウエイトを付加して集計して、総計の高い五名を選ぶ方式も考えられます。あるいは、自由に五名を選んで、評点も一点～五点の範囲内で自由に付けるという方式もあります。

会社員　それは五十名から五名の委員を選ぶような投票ならば、どうにか処理することもできるでしょうが……。でも、フランスの大統領を一人選ぶような直接選挙の場合、複数候補に投票するということ自体に違和感があるような気がしますが……。

フランス国粋主義者　俺だったら、ルペンに十点、シラクとジョスパンには〇点で投票するね。複数候補で自由に評点を付けるという方式は、実にいいやり方じゃないか！

フランス社会主義者　とんでもない。もしそんな方式だったら、私は悩んだ挙句、ジョスパンに八点、シラクに五点、ルペンに〇点のように投票したことでしょう。ところが、これではジョスパンもシラクも熱狂的ルペン支持者の十点に負けてしまう。大変なことになってしまうじゃないですか！

心理学者　我々は、一般に、幼少時から単記投票方式に慣らされています。ですから、有権者が複数の大統領候補に投票するという行為自体に、単記投票方式にはない「違和感」のようなものを感じるとおっしゃる意味もよくわかります。

数理経済学者　皆さんのご意見はよく理解できます。そればかりでなく、実は、順位評点方式にも重大な問題があるのです。

たとえば、四名の候補者に対して七名が次のような選好を記入したと仮定します。

① D＞C＞B＞A
② A＞D＞C＞B
③ B＞A＞D＞C
④ D＞C＞B＞A
⑤ A＞D＞C＞B
⑥ B＞A＞D＞C
⑦ D＞C＞B＞A

ここで各候補者のボルダ点を集計すると、D（二十二点）＞A（十七点）＞B（十六点）＞C（十五点）の順になりますね。そこで、D候補が当選ということになります。

ところが、このD候補が就任を辞退したとします。

カント主義者　ちょっと待ちたまえ。なぜわざわざ選挙に立候補して当選した者が、就任を辞退しなければならないんだ？

会社員　でも、よくあることじゃないですか。選挙後に運動員が買収で捕まるかもしれないし、公示した学歴が詐称だったのかもしれないし、もっとプライベートな一身上の都合かもしれないし。なんだか不愉快なことばかり想像してしまうなあ……。

数理経済学者　理由はともかく、D候補が辞退したわけですから、選挙管理委員会は、D候補を除いて改めて集計を行います。すると、次のようになります。

①　C＞B＞A
②　A＞C＞B
③　B＞A＞C
④　C＞B＞A
⑤　A＞C＞B
⑥　B＞A＞C
⑦　C＞B＞A

ここで各候補者のボルダ点を集計すると、C（十五点）＞B（十四点）＞A（十三点）の順になります。そこで、C候補が当選ということになります。

ところが、最初の選挙のボルダ点の集計では、A（十七点）＞B（十六点）＞C（十五点）の順になっていましたから、順番がすべてひっくり返ったことになります！

つまり、最上位者がいなくなると、それ以下の選好順序がすべて逆転するという奇妙な現象が生じるわけです。

会社員　しかし、このケースでは、次点がA候補なのかC候補なのか、という問題ですよね？　それは、事前に次点の繰り上げ方式を決めておけばいいんじゃないですか？

数理経済学者　もちろん、実際に順位評点方式で選挙を行う場合には、次点をどのように繰り上げるか、詳細に定めるのが普通です。

しかし、ここで本質的な問題になるのは、AとCの二つの選択肢の選好順序が、それら以外の選択肢の順序の変化に伴って変わってしまうという点にあるのです。

これが、「無関係対象からの独立性」（XよりもYを選べば、たとえZを含めて考慮しても、やはりXよりもYを選ぶ）と呼ばれる民主主義の根本原則に違反しているわけです。

国際政治学者　そればかりではありません。

たとえば、四名の立候補者に対して三名が投票した結果、次のような順位になったと仮定します。

① A＞B＞C＞D
② A＞B＞C＞D
③ B＞A＞C＞D

ここで各候補者のボルダ点を集計すると、A（十一点）＞B（十点）＞C（六点）＞D（三点）の順になりますから、A候補が当選します。

ところが、有権者③が自分の選好順序を偽って、故意に次のように投票したとします。

① A＞B＞C＞D
② A＞B＞C＞D
③ B＞C＞D＞A

すると、各候補者のボルダ点は、B（十点）＞A（九点）＞C（七点）＞D（四点）の順になり、B候補が当選することになります。

会社員　なるほど……。「順位評点方式」の抱える問題が、わかってきました。有権者が順位を意図的に変化させることによって、選挙結果に大きな影響が出るわけですね。

国際政治学者　そうです。専門的には「戦略的操作可能性」と呼ばれていますが、要するに、個人やグループが意図的に選好順序を偽って投票することによって、結果的に自分たちに好ましい候補者を当選させるような策略が生じうるということなのです。

パウロスの全員当選モデル

司会者　なんだか頭が痛くなってきました。「単記投票方式」にも「上位二者決選投票方式」にも「勝ち抜き決選投票方式」にも矛盾がある。それを回避するために生み出された「複数記名方式」と「順位評点方式」にも問題があるということですね。

数理経済学者　残念ながら、そういうことです。

ここに非常におもしろいモデルがあります。有権者五十五名が、A～Eの五名の立候補者に対して、一位～五位の選好順序を記入して投票した結果、次のようになったとします。

① A＞D＞E＞C＞B 十八名
② B＞E＞D＞C＞A 十二名
③ C＞B＞E＞D＞A 十名
④ D＞C＞E＞B＞A 九名
⑤ E＞B＞D＞C＞A 四名
⑥ E＞C＞D＞B＞A 二名

表の①は、「A＞D＞E＞C＞B」と記入した有権者が十八名、②は「B＞E＞D＞C＞A」と記入した有権者が十二名いたことを示し、以下同じように記入内容と有権者数を表しています。

実際には、五名の選好順序を並べる順列は百二十通りですから、このようにうまく六通りに収まるとはかぎりませんが、可能性としては十分起こりうる組み合わせです。

ここで、この投票結果を見た各候補者の声をお聞きください。

A候補 「もちろん、一位票を最も多く得た候補者が当選するべきです。つまり、

十八票を得た私が当選すべきです」(「単記投票方式」ではA候補が当選する)

B候補　「五十五名中で十八票では、過半数さえ満たしていません。やはり、一位票を最も多く得た候補者上位二者による決選投票を行っていただきたい。この場合、十八票を得たA候補と十二票を得た私の決選投票になりますが、十八名(①)が私よりもA候補を選好したのに対して、三十七名(②+③+④+⑤+⑥)はA候補よりも私を選好しています。したがって、私が当選します」(「上位二者決選投票方式」をとるとB候補が当選する)

C候補　「決選投票と言われるのなら、むしろ一位票の最も少ない立候補者を除外して、再投票を繰り返す勝ち抜き投票を行っていただきたい。この場合、最初の再選挙では、一位票の最も少ないE候補が除外され、Eを一位指名した四票がB候補へ、二票が私へ移行するため、A=十八票、B=十六票、C=十二票、D=九票となります。同様の方式で、再々選挙では、A=十八票、B=十六票、C=二十一票となり、再々再選挙では、A=十八票、C=三十七票となって、私が当選します」(「勝ち抜き決選投票方式」をとるとCが当選する)

D候補　「それよりも、有権者が並べてくださった全体順位を重視して、一位票=五点、二位票=四点、三位票=三点、四位票=二点、五位票=一点と定め、それに票数を乗じた総合得点の最高得点者の当選を主張します。この場合、A＝百二十七点、B＝百五十六点、C＝百六十二点、D＝百九十一点、E＝百八十九点となり、私が当選します」（「順位評点方式」をとるとDが当選する）

E候補　「いえいえ、全体順位などよりも、立候補者を一対一で比較したとき、有権者がどちらの候補者を選択するかを見極めるべきでしょう。そこで、立候補者全員総当たりで決選投票を行っていただきたい。この場合、A対Eの決選投票では、A＝十八票、E＝三十七票、B対Eの決選投票では、B＝二十二票、E＝三十三票、C対Eの決選投票では、C＝十九票、E＝三十六票、D対Eの決選投票では、D＝二十七票、E＝二十八票となり、私が当選します」（「総当たり投票方式」をとるとEが当選する）

大学生A　思わず笑ってしまいました。たしかに全員が当選を主張できますね！

数理経済学者　おもしろいでしょう？

実は、この「全員当選モデル」は、一九九一年にテンプル大学の数学者ジョン・パウロスが考案したもので、すべての候補者が投票方式に応じて当選を主張できるように構成されているのです。

心理学者　たしかに興味深いモデルですね。とくにこのモデルを心理学的に分析すると、投票方式に応じてまったく異なるタイプの当選者が選ばれることがわかります。

たとえば、「単記投票方式」で選ばれるA候補は、十八名から一位支持を受ける一方、残りの三十七名からは最低の五位評価を受けています。「上位二者決選投票方式」で選ばれるB候補も、二十六名が一位か二位の上位に評価する一方で、残りの二十九名が四位か五位の下位に評価しています。「勝ち抜き決選投票方式」で当選するC候補の評価も、どちらかといえば上位か下位に分かれていますね。これらの候補者は、味方もいるが敵も多い「両極端タイプ」といえるでしょう。

一方、「総当たり投票方式」で当選するE候補は、一位評価は六名しかいませんが、四位以下の評価もなく、三十七名が中間の三位に支持しています。「順位評点方式」で選ばれるD候補の票も、二位と三位と四位の中間層に集中していますね。これらの候補は、極端に高い評価も低い評価もなく、無難な「八方美人タイプ」といえますね。

国際政治学者　一七七四年、フランス王立科学アカデミーは、単記投票方式に欠陥があるというボルダの指摘を検討した結果、「順位評点方式」によって会員を選ぶことにしました。

ところが、この制度は長く続かなかった……。というのは、一八〇〇年に新たに会員となった有力者が猛反対したため、再び元の制度に逆戻りしてしまったからです。

会社員　その新会員とは誰だったのですか？

国際政治学者　彼こそが、ナポレオン・ボナパルトだったのです！

会社員　なるほど！　ナポレオンといえば、まさに両極端タイプ。「順位評点方式」では、自分がリーダーに選ばれないと知っていたわけですね。

それにしても、逆に考えてみると、どのような投票方式で選ぶかと定める時点で、すでに当選者のタイプも暗黙のうちに決まっていることになりませんか？

数理経済学者　まさに、おっしゃるとおりです。

実社会の多くの選挙で「単記投票方式」や「上位二者決選投票方式」が用いられているのは、やはり当選者に強いリーダーシップが求められていることが理由だと考えられます。

一方、学会の理事や審議会の委員など、さまざまな分野の専門家集団で複数の代表者を選出するような場合には、「順位評点方式」が用いられていますね。「勝ち抜き決選投票方式」は、企業の商品開発のように、弱い商品が脱落していく中で勝ち残る商品を選ぶような場合に用いられています。「総当たり投票方式」も、あらゆるサンプルとの一騎打ちに勝てる最も将来性のある一つの商品を選出するような場合に効果を発揮します。

つまり、実社会では、どのようなタイプの当選者を求めるかによって、どの投票方式が適しているのかが経験的に定められているわけです。

完全民主主義の不可能性

司会者　投票方式に応じて異なるタイプの候補者が選ばれるなどとは、これまで考えたこともありませんでしたが……。

会社員　なんだか民主主義の根底が揺るがされるような気がしますね……。

数理経済学者　実は、事態はもっと深刻なのです。というのは、完全に民主的な社会的決定方式は、存在しないからです！　この事実は、一九五一年にコロンビア大学の数理経済学者ケネス・アロウの証明した「不可能性定理」によって明らかになりました。

会社員　完全に民主的な社会的決定方式が存在しないとは、どういうことなんですか？

数理経済学者　アロウは、無数の投票形式を「社会的選択関数」によって一般化し、合理的な個人選好と民主的な社会的決定方式を厳密に定義してモデル化しました。そのうえで、そのモデルを用いて、完全に民主的な社会的決定方式が存在しないことを証明したわけです。その後アロウは、この業績をさらに数学的に厳密に構成して「一般均衡理論」の定式化を導き、一九七二年にノーベル経済学賞を受賞しました。

会社員　なんだか急に難しくなってきましたね……。

司会者　「アロウの不可能性定理」は非常に難解とされていて、自力で証明できる経済学者も多くはないと聞いていますが、その意味するところをわかりやすく説明していただけませんか？　専門用語もできるだけ使わずに……。

数理経済学者　わかりました。なんとかやってみましょう。

アロウは、個人の選好を一般的に考えて、少なくとも合理的な個人選好は次の二つの条件を満たさなければならないと考えました。

第一の条件は「選好の連結律」と呼ばれ、いかなる選択肢に対しても、個人はそれを比較し選好順序をつけることができるという条件です。つまり、いかなる選択肢XとYに対しても、XをYよりも好む（X＞Y）か、YをXよりも好む（Y＞X）のどちらかが必ず成立するということです。

第二の条件は、すでに何度も出てきた「選好の推移律」で、もし個人がXをYよりも好み（X＞Y）、YをZよりも好む（Y＞Z）ならば、XをZよりも好まなければならない（X＞Z）という条件です。

会社員　その連結律の「いかなる選択肢に対しても」というところが引っ掛かるんです

が。たとえば二人の異性がいたら、必ずどちらが好きか決められるということですか？

数理経済学者　そうです。連結律は、個人が任意の二つの選択肢を比較した場合、選好順序が一意的に定まることを前提にしているわけです。

たしかに、実生活で任意の二つの選択肢を挙げれば、必ずしも連結律を満たさないケースもあるでしょうし、時間の経過によって選好順序が変わることもあるでしょう。しかし、どちらかの候補を選んで投票するとか、ランチをパスタにするかカレーにするかといった選択の場合、合理的な個人は、その時点での選好順序に基づく決定を下しているはずです。

逆に個人が二つの選択肢を同じように両方好きだとか、選好順序をつけられないといった状況では、一般的なモデルも構成できないわけです。

司会者　よくわかります。ここでは、状況を一般化したモデルについて話しているわけですね。ともかく、アロウの不可能性定理の話を進めてください。

数理経済学者　次にアロウは、民主主義社会に必要不可欠な、四つの条件を定式化しました。

第一の条件は「個人選好の無制約性」と呼ばれ、社会を構成する個人の選好は自由であり、いかなる制約も設けないと保証するものです。つまり、個人は与えられた選択肢に対して、いかなる選好順序をもつこともできるわけです。

第二の条件は「市民の主権性」と呼ばれ、社会を構成するすべての個人が一定の選好を示したら、その選考は社会的決定でなければならないとするものです。専門的には「パレート最適性」とも呼んでいますが、要するに「全員一致の原則」のことで、全員がXよりもYを選べば、社会もYを選ばなければならないということです。

第三の条件は「無関係対象からの独立性」なのですが、これについては先ほども説明したように、二つの選択肢の選好順序は、他の選択肢の影響を受けないということです。もし個人がXよりもYを好めば、たとえZを含めて考慮しても、やはりXよりもYを選ばなければならないという条件です。

第四の条件は「非独裁性」で、もちろん民主主義社会に独裁者は存在しないということです。具体的には、ある特定個人の選好順序が、他の個人の選好順序にかかわらず社会的決定となることはないと保証するものです。

司会者　よくわかります。四つの条件を伺っていて、どれも民主主義社会に欠くことのできない条件だと納得しました。

数理経済学者　次にアロウは、個人が二つの条件を満たし、社会が四つの条件を満たす「完全民主主義」モデルにおいて、「社会的選択関数」を数学的に厳密に定義しました。

この関数は、二人以上の個人が三つ以上の有限個の選択肢に選好順序をもつ場合のすべての社会的決定方式を表しています。簡単に言えば、あらゆる投票方式がこの関数によって定義されるわけです。

実験物理学者　非常に興味深いですね。正直言って、社会科学の世界で、そこまで厳密な数学的モデルが構成できるとは思いませんでした。それで、どうなるのでしょうか？

数理経済学者　最終的にアロウは、上記の条件を満足させる社会的選択関数が存在しないことを厳密に証明しました。つまり、個人が二つの条件を満たし、社会が四つの条件を満たす「完全民主主義」モデルには、論理的に矛盾が生じることを証明したわけです。

たとえば、個人が連結律を満たし、社会が四つの条件を満たす場合には、個人の推移律が成立しません。つまり、ある個人がXをYよりも好み（X＞Y）、YをZよりも好む（Y＞Z）にもかかわらず、ZをXよりも好む（Z＞X）という自己矛盾に陥ります。

あるいは、個人が二つの条件を満たし、社会が第一から第三の条件を満たす社会的選択関数は、必ず第四の条件に矛盾します。すなわち、その社会には必然的に独裁者が存在するということです。

運動選手　衝撃的な結果ですね。僕らは安易に民主主義を唱えていますが、それは実現不可能だということですか……。

数理経済学者　そうですね。少なくともアロウが厳密に定義した意味での完全民主主義を実現することは、論理的に不可能だということです。

アロウの不可能性定理を応用すると、定義域が何十万人であっても何百万人であっても、パウロスの全員当選モデルのように、社会的選択関数を一意的に定められない事態が起こりうることを証明できます。もっとわかりやすく言えば、たとえ有権者が何十万人であっても何百万人であっても、コンドルセのパラドックスのような事態が起こりうるということです。

国際政治学者　さらに衝撃的な事実が、一九七三年にミシガン大学の哲学者アラン・ギバードとウィスコンシン大学の政治学者マーク・サタースウェイトによって独立に発見されました。それは、独裁者の存在を認めるような投票方式でないかぎり、戦略的操作が可能になるというもので、「ギバード・サタースウェイトの定理」と呼ばれています。

運動選手　それはどういうことですか？

国際政治学者　つまり、いかなる民主的な投票方式においても、必ず戦略的操作が可能だということです。もし戦略的操作ができないような投票方式があるとすれば、そこには必ず、すべての決定権が一人の投票者に委ねられるという意味での独裁者が存在するというわけです。

数理経済学者　要するに、完全に公平な投票方式は存在しないのです。したがって、そのような投票方式に依存する完全民主主義も、存在しないというわけです……。

3　囚人のジレンマ

哲学史家　ジョークを思い出しました。「独裁政治では、一人が決める。貴族政治では、数名が決める。民主政治では、誰も決められない！」。

会社員　あははは。でも、冗談ではなく、本当に決められないですね！

パウロスの全員当選モデルのように、投票方式に応じて異なるタイプの候補者が選ばれるならば、候補者は皆、自分に都合のよい投票方式を主張するでしょう。そこで、どの投票方式を用いるかを決めなければならないはずですが、その投票方式も民主的に投票で決めるとなると、またその投票方式も決めなければならない。これでは永遠に何も決められなくなってしまう！

国際政治学者　私は長年いろいろな選挙を分析してきましたが、やはり単記投票方式にはさまざまな問題がありますね。仮に「最も当選してほしい候補者」と「最も当選してほしくない候補者」を同時に投票していたら、どちらもトップ票を獲得しただろうと思われる政治家が当選していることも多い。はたしてこれが民意と言えるのかどうか……。

地域による票の格差や、比例代表制で得票数が増えても議席数が減るような非合理性を思い起こすだけでも、現在の選挙制度が必ずしも最も理性的なシステムではないことは明白です。けれども、だからといって、過去の独裁政治や貴族政治に逆戻りするわけにはいかない。民主主義は現在までに人類が到達した最善の政治形態なのですから……。

数理経済学者　もちろん、政治形態としての民主主義に異議を申し立てるつもりはありませんが、アロウの不可能性定理が明確に示しているように、多数決の原理そのものに大きな方法論上の欠陥があることは認識しておくべきだと思います。

司会者　そうですね。アロウの不可能性定理といってもあまり知られていないようですが、もっと幅広く議論されるべき重要な結果だと思いました。

さて、ここまでのお話で、集団の社会的選択を理性的に行うことがいかに難しいか、その限界はどこにあるのかが見えてきました。それにしても、パラドックスや限界が生じるのは集団の話であって、個人の合理的選択とは別なのではないでしょうか？

情報科学者　いえいえ、必ずしもそうではないと思いますよ。

たとえば人間の「心」を、さまざまなエージェントが集まってできた一個の「社会」とみなす理論があります。これは一九八六年にマサチューセッツ工科大学の情報科学者マーヴィン・ミンスキーの提唱した「心社会論」と呼ばれる理論なのですが……。

これらのエージェントが相互作用して影響を及ぼし合い、多層的なシステムを構築して、最終的に人間の特定の行動を決定していると考えるわけです。

司会者　つまりエージェントが投票し合って、人間の心を決めているということですか？

情報科学者　比喩的に言えば、そういうことです。

会社員　私はなかなか結婚に踏み切れずにいるのですが、それは私の心の中で結婚派と独身派のエージェントが競っているからですか？

情報科学者　まさにそのようにお考えになってよいと思います。

いくつかの選択肢を前にして、なかなか決められないような心の揺らぎのような感情が、心社会論によって非常にうまく説明できるのです。おそらくあなたの脳内では、安定を求めるエージェントと冒険を求めるエージェント、あるいは独占を欲するエージェントと自由を欲するエージェントなどが投票を繰り返していて、なかなか「結婚」という最終的な決定に到達しない状態だと考えられます。

司会者　なるほど。もしそうであれば、集団の合理的選択の限界は、そのまま個人の合理的選択の限界に繋がることになりますね。

タッカーの講演

数理経済学者　集団といっても、もう少し人数を狭めて、二人の選択において生じる「囚人のジレンマ」についてお話ししましょう。これは、一九五〇年、プリンストン大学の数学者アルバート・タッカーが講演した次のような話に基づいています。

二人組の銀行強盗が警察に捕まったとします。検察官は二人に罪を認めさせたいのですが、囚人は刑期を短くしたいと考えています。そこで検察官は、二人を別々の独房に入れて、次のように言います。

「お前も相棒も黙秘を続けることができたら、銀行強盗は証拠不十分で立件できない。せいぜい武器不法所持の罪で、二人とも一年の刑期というところだろう。逆に二人とも銀行強盗を自白したら、刑期はそろって五年になる。しかし、お前が正直に二人で銀行強盗をやったと自白すれば、捜査協力の返礼としてお前を無罪放免にしてやろう。ただし、相棒は十年の刑期になるがね。どうだ？」

会社員　それは悩ましい問題ですね……。おそらく囚人は、黙秘を続けるべきか自白すべきか、考え込むでしょう。

数理経済学者　さらに検察官は、次のように催促します。

「実は、お前の相棒にもまったく同じことを話してあるんだ！　もし相棒が先に自白してお前が黙秘を続けたら、相棒は無罪放免だが、お前は十年も牢獄行きだぞ！　さあ、どうする？　急いで自白しなくていいのか？」

この状況で、二人の囚人は深刻なジレンマに陥ります。もしお互いに黙秘を続ければ、一年の刑期で二人とも出所できるわけですから、それが二人にとって最もよい結果であることは明白です。しかし、もし相棒が裏切ったらどうなるか？　相棒はすぐに出所して自由になれるが、自分は十年間も牢獄に閉じ込められてしまう……。

結果的に二人の囚人はそろって自白して、どちらも五年の刑になってしまう。そして二人は刑務所で考え込むわけです。お互いが黙秘していればたった一年ですんだはずなのに、もっとうまくやる手はなかったのか、もっと合理的な選択はなかったのかとね……。

カント主義者　そもそも、銀行強盗などやらなければよいのだ。

運動選手　もちろん、それはそうでしょうが……。

数理経済学者　道徳的な話は別として、あくまで自分の刑期を短くすることが合理的選択だとしましょう。すると、二人の囚人は、どちらも最善を尽くして決定を下したはずなのに、結果は自滅的になってしまう。ここが囚人のジレンマの非常に興味深い点なのです。

ウォーターゲート事件

国際政治学者　アメリカ合衆国では司法取引が認められていますから、まさに今おっしゃったような状況が、一九七〇年代のウォーターゲート事件で起こりましたね。

ワシントン連邦地方検事局のアール・シルバート主任検事補は、ニクソン大統領の法律顧問ジョン・ディーンと財政顧問ジョージ・リディがどちらも黒だと確信していましたが、二人とも頑固に黙秘を続けて一切の罪を認めようとしないため、捜査は手詰まりになっていました。

そこで主任検事補は、一種の演技をすることにしました。あたかもリディが司法取引に応じて自白して無罪になり、ディーンに自分だけが有罪になると思い込ませるようにしたのです。

まず彼は、故意にリディを大陪審の検事室から出さないようにして、あたかも検察とリディが長時間話し合っているように思わせました。実際には些細な取り調べであっても、常に検察とリディの接触している時間のほうが長いように見せかけたわけです。

さらに主任検事補は、リディの弁護士に「リディは捜査に非常に協力的だ」と話し、ぜひマスコミにもこのことを公表してほしいと頼みました。弁護士は、もちろんそれが事実でないことを知っていましたが、ニクソンをはじめとする事件の関係者にそのような話が伝わって、リディが捜査協力者だと思われては仲間割れになると考えました。そこで弁護士は、わざわざ記者会見を開いて、「リディは完全に黙秘を続けている」と発表したのです。

この記者会見は、検事側の思う壺でした。というのは、この模様を見たディーンは、記者会見を開いてまで弁護士がリディの黙秘を発表すること自体を、非常に奇異に感じたからです。実際には裏で検事局とリディの間で司法取引が進んでいるのではないか、リディは無罪になって自分だけが有罪に落とし込まれるのではないか……。ディーンは疑心暗鬼に陥りました。そして彼は、自発的に検事局に出頭し、すべてを自白したわけです……。

運動選手　なんだか裏の裏をかくようで、嫌な話ですね。もちろん検事局は罪を暴かなければならないのでしょうが、ディーンは検事局の演技に騙されたわけですよね?

国際政治学者　しかし、ディーンの証言が突破口にならなければ、検事局はとてもニクソン大統領まで追及することはできなかったでしょう。やはりあの事件は、ディーンに囚人のジレンマに陥ったと思わせた検事局の演技の大勝利といえます。

運動選手　そもそも僕は、司法取引という制度自体に疑問を感じるんです。二人とも共犯なのに、一人が自白すれば無罪になって、もう一人の罪は重くなるというのは、アンフェアな気がします。有罪にするためなら、何をしてもいいのでしょうか？

国際政治学者　たしかに司法取引やオトリ捜査に、道徳的な問題がないと言っているわけではありません。これにはいろいろな議論がありまして、たとえば現行犯逮捕が義務づけられている麻薬や売春捜査などでは……。

司会者　道徳的なお話は、また別の機会ということで、囚人のジレンマに話を戻していただきたいのですが。

繰り返し囚人のジレンマ

数理経済学者　それでは、囚人のジレンマから道徳的な部分を取り除いて、利得配分だけを目的に二人で行う「繰り返し囚人のジレンマ」ゲームを考えてみましょう。このゲームはスポンサーが観戦していて、賞金を払ってくれるものとします。

ゲームのやり方は簡単で、二人のプレーヤーがお互いに「協調」か「裏切」かのどちらかを選択するだけです。ただし、お互いに何も相談することはできません。具体的には、二人のプレーヤーが「協調」カードと「裏切」カードを持っていて、合図とともに同時に相手にカードを見せ合うゲームと考えていただけば結構です。
さて、もし二人とも裏切るならば、スポンサーは各々に一万円の賞金を与えます。もし二人とも協調するならば、スポンサーが各々に三万円の賞金を与えます。もし一方が裏切り、他方が協調するならば、裏切者には五万円の賞金が与えられ、協調者には何も与えられません。
問題は、最も高い賞金を得るためには、協調すべきか、裏切るべきかということです。さて皆さん、いかがでしょうか?

大学生A 私だったら協調しますが……。それで相手も協調していたら、二人とも各々三万円だから、合計六万円が支払われるんですよね? スポンサーから支払われる賞金は、この場合が最も高くなりますよね。

運動選手 僕ももちろん協調します。相手も協調してくれると信じます。だってそれが二人のプレーヤーにとって一番得になるのではないですか?

会社員 ちょっと待って! 君たちは、少しお人よしすぎるんじゃないかな? こちらが協調しても、相手が裏切ったら何ももらえないんですよ! 相手のほうは、五万円もらえるのに!

司会者 そのとおりですね。ちょっと期待値から考えさせてください。

私がそのゲームに参加したとすると、相手は協調するか裏切るかしかないわけですね。そこで、もし相手が協調するならば、私は五万円対三万円で、裏切るほうが多くの賞金を得ることができます。もし相手が裏切るならば、私は一万円対〇円で、やはり裏切るほうが得になります。つまり、相手が協調と裏切のどちらを選んだとしても、私は裏切ることによって、相手より多くの賞金を受け取ることができます。

したがって、期待値から考えると、私は裏切るべきなのではないでしょうか？

運動選手　ところが、そこで相手も同じように期待値から考えれば、二人はお互いに裏切ることになる。結果的に、あなたがたは二人とも一万円の賞金しか得ることができないでしょう？　ところが、もし二人がお互いに協調していたら、あなたがたは三万円を受けとることができたはずです！

問題は、最も高い賞金を得るためには、協調すべきか、裏切るべきかということでしたよね？　それならば、二人とも協調すべきじゃないですか？

司会者　それもそうですね……。私にもわからなくなってきました。

数理経済学者　いえいえ、わからないのも無理ありません。というのは、協調にしても裏切りにしても、どちらも論理的に非の打ちどころのない推論を行っているように見えるにもかかわらず、どちらが本当に合理的な選択なのかわからないのです。その意味で、囚人のジレンマは、パラドックスなのです。

ここで重要なのは、二種類の合理性が考えられるということです。それは、それぞれのプレーヤーが自分にとって最も利益の高い行動を取る「個人的合理性」と、二人のプレーヤーが平等に同じ行動を取って集団全体の利益を高める「集団的合理性」です。

個人的合理性と集団的合理性が一致すれば、何も問題はありません。しかし、囚人のジレンマでは、集団的合理性に基づく選択のほうが、個人的合理性に基づく選択よりも両プレーヤーにとって有利なようになっています。したがって、お互いに協調するのが最も合理的だと思われるわけですが、そのように考えて協調した結果、相手の裏切りにあって結局は大損するかもしれない。そこが難しいところなのです。

コンピュータ・コンテスト

情報科学者　一九八四年、ミシガン大学の政治学者ロバート・アクセルロッドは、なかなか決着を見ない囚人のジレンマ論争の状況を見て、おもしろいことを考えました。囚人のジレンマ・ゲームをコンピュータに戦わせて、どのようなプログラムが最も高い利得を得るか、コンテストを開催して見極めることにしたのです。

ルールは、先ほどの囚人のジレンマ・ゲームとまったく同じ内容です。二台のコンピュータが、「協調」か「裏切」を同時に出力します。もし二台とも「裏切」であれば互いに一点、二台とも「協調」であれば互いに三点を受け取ります。もし一方が裏切り、他方が協調するならば、裏切者には五点が与えられ、協調者には何も与えられません。

このコンテストには、政治学・経済学・心理学・社会学などの分野から、十四人の専門家がコンピュータ・プログラムを作って応募してきました。アクセルロッドは、これに無作為に「協調」と「裏切」を出力するランダム・プログラムを加えて、十五のコンピュータ・プログラムの総当たり戦を行わせました。それぞれのプログラムは、一試合につき囚人のジレンマ・ゲームを二百回行い、それを計五試合行って平均得点を求めたのです。

会社員　それはものすごい数のゲームですね。でもコンピュータだから、すぐに決着がつくんでしょうが……。それで、どのようなプログラムが勝ったのでしょうか？

情報科学者　結果を見て、関係者は非常に驚きました。というのは、優勝したのが応募された中でも最も単純なプログラムだったからです。

それは、トロント大学の心理学者アナトール・ラパポートの作成したプログラミング言語ＦＯＲＴＲＡＮ三行で書かれたもので、初回は「協調」を出す、次回は前回の相手と同じカードを出す、以下これを繰り返すというだけのものです。そこでこのプログラムは、

「ＴＦＴ」（ティット・フォー・タット）つまり「しっぺ返し」戦略と名づけられました。

会社員　本当に簡単なプログラムですが、なぜＴＦＴ戦略はそんなに強いのでしょうか？

情報科学者　アクセルロッドは一般論として、ＴＦＴ戦略の四つの特徴を挙げています。

第一に、ＴＦＴは自分からは決して裏切りません。まず協調から始めて、相手が裏切らないかぎり、ずっと協調し続けます。人間社会で言えば、相手から高い信頼感を得ることのできる「上品」な戦略といえます。

第二に、ＴＦＴは相手が裏切れば、即座に裏切り返します。協調してばかりでは多大な損失をこうむることもありますが、機敏に「挑発」に反応することによって、相手を罰することもできるわけです。

第三に、ＴＦＴは「寛容」です。しっぺ返しされた相手は、やはり協調したほうが得であることを改めて学習するでしょう。そして、相手が再び協調してくれれば、ＴＦＴは過去を水に流して即座に協調に戻ることによって、さらに深い協調関係が生まれます。

第四に、ＴＦＴは非常に「単純」です。こちらが「しっぺ返し」戦略を取っていると相手が気づけば、相手も相応の戦略を取るはずです。そこでさらに強い協調関係が生まれ、結果的に両者とも安定した利益を得ることができます。

会社員　なるほど。「しっぺ返し」というのは、考えてみると、なかなか高度な戦略ですね。これは会社関係のいろいろな交渉でも使えそうだな……。でも、もっと強い戦略はなかったのでしょうか?

情報科学者　このコンテストの結果は、あまりにも信じがたいもので、しかも考えられる戦略すべてを網羅して争ったわけでもありませんでした。そこでアクセルロッドは、二回目のコンテストを開催することにしました。

彼は、一回目の試合結果や詳細なプログラムのデータをすべて公表し、二回目の参加者はTFT戦略の強さを十分理解していました。つまり、第二回コンテストの目標は、「しっぺ返し」を負かすことだったのです。

大学生A　常に「協調」を出すプログラムはどうでしょうか?

情報科学者　それは、相手も常に「協調」してくれれば、確実に両者とも三点取れますね。しかし、相手がそれを見破って「裏切」ばかり出すようになると、相手は五点ですが、あなたのプログラムは点を取れなくなってしまいます。

実は、TFT戦略にも欠点があります。それは相手の行動に反応しないプログラムと対戦しても、高得点を上げないことなのです。たとえば、今おっしゃったような常に「協調」するプログラムと戦うと、TFTもずっと「協調」を繰り返し、毎回三点を獲得します。裏切って五点得るほうがよほど得になるのにね……。

会社員　やはり「協調」ばかりでは、だめなはずですよ。それで、第二回には、どんな戦略が勝ったのでしょうか？

情報科学者　第二回コンテストには、政治学・経済学・心理学・社会学に加えて、情報工学・数学・物理学・生物学などの多彩な分野から、六十二のプログラムが集まりました。

この中には、非常に複雑なプログラムも含まれていました。たとえば、相手の行動に対して統計的パターンを作って更新し、相手の戦略を推定し、それに応じて次回の相手の行動を予測して、それを上回る戦略を取るという、練りに練られた戦略もありました。

司会者　なるほど。それで、第二回コンテストでは、どの戦略が優勝したのでしょうか？

情報科学者　驚くべきことに、再びたった三行のＴＦＴプログラムが優勝したのです。

これによって、「しっぺ返し」戦略は、非常に幅広い戦略を相手にしても有効であることが立証されました。

４　合理的選択の限界と可能性

数理経済学者　「囚人のジレンマ」のように、相手の行動を予測しながら自分の行動を決定しなければならないという状況は、チェスや囲碁や将棋のようなゲーム、ポーカーのようなギャンブルや株式市場の動向、個人間から国際間のあらゆる交渉にいたるまで、社会における人間活動全般に見られます。

このような状況を一般的に数理モデル化したのが「ゲーム理論」です。この理論は、一九四四年、プリンストン高等研究所の数学者ジョン・フォン・ノイマンと経済学者オスカー・モルゲンシュテルンが『ゲーム理論と経済活動』を発表したことによって誕生しました。この大著の中で、彼らはシャーロック・ホームズの「最後の事件」を典型的なジレンマとしてとらえています。

司会者　シャーロック・ホームズは、大好きです。ぜひその話を聞かせてください。

数理経済学者　ホームズは、「犯罪社会のナポレオン」モリアーティ教授の執拗な攻撃から逃れるために、ロンドンのビクトリア駅から大陸連絡急行列車に乗ります。

この列車の停車駅は、カンタベリーとドーバーだけで、当初ホームズはドーバーで下車して船で大陸へ渡るつもりでした。ところが、列車が出発した瞬間、モリアーティがプラットホームまで追いかけてくるのが見えます。ホームズは、モリアーティならば、すぐに特別列車を仕立てて追いかけてくるに違いないと考えます。

ホームズは、カンタベリーで降りるか、ドーバーで降りるか、どちらかを選ばなければなりません。ただし問題は、モリアーティもその状況をよく理解していて、ホームズと同じ駅で降りようと考えているということです。つまり、両者はお互いに相手がどのように行動するかわからないままに決断しなければならないわけで、これが人間活動全般の無数のジレンマとの典型例とみなされているわけです。

大学生A　なんだかドキドキしますね。ホームズは、どこで降りたのでしょうか？

司会者　モリアーティからすると最も困るのはホームズがドーバーで下車して大陸へ向かうことですから、モリアーティもドーバーを目指すのではないでしょうか？

数理経済学者　仮にホームズとモリアーティが同じ駅で降りた場合、ホームズは確実にモリアーティに殺されると仮定します。ゲーム理論の用語を使うと、これがホームズにとっての「最小利得」かつモリアーティにとっての「最大利得」になります。

さらに、もしホームズだけが無事にドーバーで降りることができれば、ホームズは無事に逃げることができると仮定します。これはホームズにとっての「最大利得」かつモリアーティにとっての「最小利得」になります。

会社員　それで、二人はどの駅で降りたんですか？

数理経済学者　コナン・ドイルの原作では、ホームズは、モリアーティがドーバーで下車して自分の最大利得を拒むに違いないと推理します。そこで、カンタベリーで下車し、すぐ後をモリアーティの特別列車が猛速度でドーバーへ向かうのを見届けます。もちろん、小説では必ず正義が勝つでしょうが、現実もそんなにうまくいくのでしょうか？

会社員　つまり、ホームズはモリアーティの裏をかいたわけですね。

数理経済学者　なかなか難しい質問ですね……。少なくとも、この話で重要なのは、ホームズとモリアーティの推理に「無限循環」が含まれるということなのです。

もしモリアーティがホームズよりも一枚上手で、ホームズがカンタベリーで下車することを見抜いていたらどうなるのか？　モリアーティもカンタベリーで降りれば、ホームズは殺されていたはずです。しかし、ホームズのほうがもっと上手で、モリアーティがそこまで考えていることを見抜いていたら？　ホームズはその裏をかいてドーバーで降りて、大陸へ逃げることができたでしょう。ところが、もしモリアーティがそれも見抜いていたら……？

会社員　つまり、堂々巡りが永遠に続くわけですね。

ミニマックス理論

数理経済学者　ノイマンとモルゲンシュテルンが主として扱ったのは、プレーヤーの利得の合計が相殺してゼロになる「ゼロサムゲーム」でした。このゲームの特徴は、常に一方のプレーヤーの利益が他方のプレーヤーの損失になることで、一方の勝ちが相手の負けを意味する通常の対戦型ゲームすべてが含まれます。誰かが儲ければその分だけ誰かが損する株式市場などもゼロサムゲームと考えられます。

ノイマンとモルゲンシュテルンは、このようなゼロサムゲームにかぎって言えば、「ミニマックス戦略」を採ることが最も合理的であることを証明しました。

司会者　それはどのような戦略なのですか？

数理経済学者　プレーヤーは、自分が取りうる戦略のそれぞれについて、相手が利得を「マックス（最大）」にしようとすることを想定しますね。その中で、自分の損失を「ミニ（最小）」にしようとする戦略です。もっと簡単に言うと、「勝とうとするよりも、まず負けないようにする」という考え方です。

司会者　具体例で示していただけますか？

数理経済学者　たとえば、丸いケーキを二人の子供に切り分ける場面を思い浮かべてください。いくら親が注意深く公平に二等分したつもりでも、子供たちは自分の貰ったほうが小さいと騒ぎます。そこで、どうすればよいのか？　よく知られた方法があります。

大学生Ａ　それ知っています！　一人の子供がケーキを二つに切って、もう一人の子供が先に好きなほうを選ぶという方法ですよね?

数理経済学者　そのとおりです。ケーキの分配は、一人が得た分だけ、もう一人の取り分が減るわけですから、ゼロサムゲームですね。

さて、ケーキを切る子供はどうすればよいか? 彼にとって最も望ましいのは、ケーキを大小に切り分けて、相手が小さいほうを選んでくれることですが、もちろん相手は大きいほうを選ぶに違いありません。つまり相手は利得を「マックス」にするに違いないわけです。

そこでケーキを切る子供の戦略は、与えられた状況の中で、損失を「ミニ」にするしかありません。つまり、できるかぎり均等にケーキを二等分して、相手がどちらを選んでもよいようにするわけで、これが「ミニマックス戦略」ということになります。

カント主義者　ちょっと待ちたまえ。いくら均等といっても、人間が切る以上、機械で測ったように二等分というわけにはいかん! とすると、どうしてもケーキは大小に分かれることになる。だから、ケーキを先に切る子供よりも、後で選ぶ子供のほうが有利じゃないかね?

会社員　またそんな細かいことを言って……。子供たちは、そんなことは気にしませんよ!

数理経済学者　いやいや、それは重要なご指摘だと思いますよ。ですから、さらに公平を期すためには、どちらの子供がケーキを切るのかジャンケンかくじ引きで選ばせる必要がありますね。

大学生A　考えてみたら、小さい頃からずっとケーキを切るのは私の役割で、先に好きなほうを選ぶのは、いつも兄でした！　私が好きなように切っていいんだから得したような気がしていましたが、本当はそうじゃなかったんですね！

急進的フェミニスト　ケーキを切るのは女性で、好きなほうを選ぶのは男性ですって！　まさに偏見に満ちた男性中心主義社会の弊害！　どうしてケーキを切るのは女性の役割なのか？　どうして男性は選んで食べるだけでよいのか？

これまでにあなたがケーキを切るたびに、あなたのお兄さんは大きいほうばかりを選んできたのです。一回一回は微々たる損失かもしれませんが、これを総合計すると、あなたの損失は莫大なものになります。女性はこうやって気づかない間に虐げられているんです！

哲学史家　まあまあ、落ち着いて。そんな損失は、お兄さんに一回ケーキをご馳走してもらえば解消するでしょう。

ナッシュ均衡

司会者　そろそろ話を戻していただきたいのですが……。ゼロサムゲームにおいては、ミニマックス戦略が最も合理的であるというお話でしたね。

数理経済学者　そうです。その後、ノイマンとモルゲンシュテルンのゲーム理論を発展させたのが、プリンストン大学の数学者ジョン・ナッシュでした。

ナッシュは、一九五〇年、二十一歳の時に書いた博士論文で、二人以上のプレーヤーが互いに競争関係にある非ゼロサムゲームという難解な理論を公理化し、各プレーヤーの利得を最大化する均衡解が一意的に存在することを証明しました。これが有名な「ナッシュ均衡」です。

司会者　非ゼロサムゲームということは、プレーヤーの損得の合計がゼロではないということですね。

数理経済学者　そうです。その状況で、プレーヤーも任意の有限数に拡張されていますから、ナッシュの均衡解は、一般社会のあらゆる「交渉問題」に関係してきます。彼は、一九五〇年から五三年の三年間に五編の論文を発表しましたが、現在のゲーム理論の実質的な戦略論は、すべて彼の業績を基礎としています。

大学生Ａ　私、その人の伝記映画を観ました。『ビューティフル・マインド』ですよね？

数理経済学者　ああ、ご覧になりましたか。そうです、ナッシュが主人公ですね。

彼は周囲からは天才ともてはやされて各地で講演し、二十三歳の若さでマサチューセッツ工科大学の専任講師になり、三十歳で彼を崇拝する美しい物理学科の大学院生と結婚し、息子が生まれました。まさに幸福の絶頂にいたはずです。

ところが、そのナッシュが、ある日突然おかしくなってしまう。教授の前に新聞を持って現れ、彼だけにわかる暗号で宇宙人がメッセージを伝えているなどと言い出すんです。実は彼は「妄想型精神分裂病」に罹《かか》っていて、その後三十年以上にわたって精神科病院へ入退院を繰り返すわけです。これはたいへんな難病で、彼も再起不能とみなされます。

大学生Ａ　ものすごく尊敬されていたナッシュが、幻想に苦しめられて、大学を歩き回って黒板にわけのわからない記号を書き殴って、「プリンストンの幽霊」と馬鹿にされるようになるんです。映画を観ていて、泣いてしまいました。

数理経済学者　ところが、一九八〇年代後半から彼の病状は奇跡的に回復し、九〇年代になると再び研究を始めることができるようになります。その頃、彼が発表した論文の深遠な内容もようやく経済学界で理解されるようになり、一九九四年、彼は数学者としては初めて、ノーベル経済学賞を受賞したのです。

大学生A　苦しみから立ち直って、すごく感動的ですよね……。

急進的フェミニスト　あなた、もっと女性の立場で考えないと、男性に利用されますよ！

　ナッシュは、高慢で自己中心的な典型的アングロサクソン男性です。だって彼は、二十五歳の時に看護師と付き合って子供まで産ませているのよ。でも「無教養な女とは結婚できない」と言って彼女との関係を隠し続け、子供は婚外子として孤児院をたらい回しにされた。いくら天才といっても、ひどい男なのよ。

数理経済学者　たしかに、表面的な華やかさの裏で、彼は大きな苦悩を抱えていたのです。その深い罪悪感が原因となって、病気になったのかもしれませんが……。

司会者　そのお話は、また別の機会ということでお願いします。

　ともかく、ナッシュの考え方は、あらゆる交渉問題に適用できるということでしたね？　すると、囚人のジレンマに対しては、どうなるのでしょうか？

数理経済学者　さきほどのホームズとモリアーティの話で、「私が考える、と彼が考える、と私が考える、と彼が考える、と私が……」と推理に無限循環が続くことをお話ししました。といっても、ホームズはカンタベリーで降り、モリアーティはドーバーで降りたように、実際には結論がないまま止まってしまうわけではなくて、なんらかの選択が行われます。

ナッシュは、一方のプレーヤーが最適な戦略を採ったとき、他方のプレーヤーもそれに対応する戦略を最適にするようなナッシュ均衡があることを証明したわけで、これによって推理の無限連鎖は破られるわけです。

司会者　すると、囚人のジレンマでは、協調と裏切りのどちらを選ぶのでしょうか？

数理経済学者　囚人のジレンマにおけるナッシュ均衡は、両者ともに裏切るという選択になります。やはり、理性的には、裏切るという結果が出ているのかもしれませんね……。

情報科学者　けれども、両プレーヤーは、ナッシュ均衡によって最適な利得を得ることができません。はたしてこれが本当に理性的な解と言えるのか、大いに疑問がありますね。TFT戦略を発見したラパポートなども、協調戦略が最も理性的だと主張しています。

数理経済学者　そうですね。この問題については、多くの議論がありますが、いまだに何が最も理性的な解なのかについては、意見の一致を見ていないと言うべきでしょうね。

チキンゲーム

司会者　繰り返し囚人のジレンマでは、結局、「しっぺ返し」戦略が最も効果的でしたね。現実問題としても、やはり、あれが最も理性的な戦略ということになるのでしょうか？

国際政治学者　そうでしょうね。実際に、米ソ冷戦時代から現在に至るまで、核兵器を保有する国は、すべて「しっぺ返し」戦略を取っています。つまり、まず自分からは核兵器を使用することはないと協調路線を示します。ただし、相手が核を使用した場合には、こちらも即座に核で報復すると宣言しているわけですからね……。

数理経済学者　囚人のジレンマでは、両方のプレーヤーが裏切っても最大損失にはなりません。協調したにもかかわらず、相手が裏切った場合に最大損失が生じるわけです。

ところが、両方が核兵器発射のボタンを押す核戦争のように、両方が裏切る場合に最悪の結果が生じる場合もあります。このようなゲームは「チキンゲーム」と呼ばれ、囚人のジレンマと区別されています。

もともとチキンゲームというのは、暴走族の度胸試しでした。彼らは、中央に白線の引かれたまっすぐな道路を選び、二台の車を向かい合わせに数百メートル離れて停めて、合図とともに、アクセルを全開にして、猛スピードで互いに接近します。

どちらの車も、必ず白線を跨《また》いでいなければなりません。数秒で正面衝突の危険が迫ってきますから、どちらかが白線から外れて相手を避けなければ大事故になります。そこで、どちらかが避けますが、先に白線を外れたほうが「チキン（弱虫）！」と呼ばれるわけです。

カント主義者　実にくだらんゲームだ。なぜそんなことをするんだ？

映像評論家　まあ、なんと言いますかね、反抗的な若者たちの行き場のないエネルギーの捌《は》け口《ぐち》とでも言いますか……。

このゲームは、一九五〇年代にカリフォルニアの不良少年たちが始めたと言われていますが、有名になったのは、一九五五年の映画『理由なき反抗』のシーンに取り上げられてからでしょう。映画では、二人の少年が二台の車に乗って崖をめがけて同時に発車し、どちらが先に車から脱出するかを競うのですが、一人の少年の服の袖口がドアに引っ掛かって、車に乗ったまま海に墜落してしまいます。

カント主義者　実に馬鹿げている。それで勝ったら何になるのかね？

映像評論家　勝者は、もちろん美しい娘を獲得するのです！『理由なき反抗』では、親にも教師にも警官にも反抗する主演のジェームス・ディーンが、ついに自分を理解してくれる娘ナタリー・ウッドと出会って抱擁する……。

ジェームス・ディーンは、この映画の公開直前に、二十四歳の若さで亡くなりました。実際に、車で高速道路を突っ走ったあげくの大事故でした。彼は生涯にたった三本の主演映画しか残していませんが、その後彼の存在は、傷つきやすく大人になれない若者の永遠の象徴となったわけでして……。

司会者　映画の話はともかく、チキンゲームに勝つには、どうすればよいのでしょうか？

カント主義者　そんなゲームには最初から参加しなければよいのだ！

数理経済学者　たしかにおっしゃるとおりなのですが、実はチキンゲームは、人間社会に非常に広範囲に見られる利害関係に関するモデルなのです。

　もし相手が走り続けると知っていたら、こちらの最善策は避けることしかありません。ところが、こちらが走り続ければ、相手の最善策も避けるしかないのです。つまり、チキンゲームの最も合理的なナッシュ均衡は、一方が走り続けて他方が避けるというもので、二つの解があるのです！

運動選手　でも、それでは正面衝突になってしまうじゃないですか！

数理経済学者　いえいえ、それでは、あまりにも非合理な結末でしょう？

　ナッシュの理論によれば、どちらか一方が走り続け、他方が避けるという均衡解が、最も合理的な解となるのです。ただし問題は、どちらが走り続けて、どちらが避けるかということで、理論は、その先には踏み込まないのです。ところが、非常に奇妙な現象なのですが、チキンゲームでは、理性的でないプレーヤーのほうが優位に立つとも考えられるのです。

運動選手　それは、どういう意味ですか？

数理経済学者　今からチキンゲームが始まるとしましょう。あなたは車に乗ってアクセルを踏み込もうとしています。その瞬間、正面の相手がハンドルを引き抜いて窓から投げ捨てるのが見えました。どうしますか？

運動選手　なんてことだ！　つまり、相手は絶対に避けることができないわけですね。それでは、こちらが避けるしかないわけですか……。

ロマン主義者　つまりだね、チキンゲームに勝つのは「最高にイカれたヤツ」なんだよ。車に乗る前に「今から死ぬんだ！」と大声で叫び、バーボンを一気飲みして、目隠しをしたまま車に乗り込み、ハンドルを引き抜く！

会社員　要するに、自分は絶対に避けないことを相手に知らせて、相手が避けざるをえないようにする「捨て身」の戦術ですね。これは、最も非合理な戦略が、実は最も合理的な戦略になっているとも言えるのかな……。

社会的チキンゲーム

司会者　チキンゲームの最も合理的なナッシュ均衡によれば、どちらかが車を避けなければならない。そこで、相手に避けさせるためには、最も非合理な戦略を取るというわけですね。そこで、理性を捨てること自体が、理性的な決断と言えるのか……。

数理経済学者　そこで合理性や理性をどのように解釈するかによって、さまざまな見解が生じます。ですから、チキンゲームは、囚人のジレンマと並んで、今でも大きな論争の対象になっているわけです。

国際政治学者　チキンゲームでは、どちらかが避けなければ二人とも死んでしまうわけですが、これが多人数になったものを「社会的チキンゲーム」と呼びます。

社会的チキンゲームでは、誰か一人が全員の利益になるような犠牲にならなければなりませんが、もし誰も犠牲にならなければ、全員が被害を受けるのです。

司会者　具体例で説明していただけますか？

国際政治学者　有名なのは、誰か一人が犠牲にならなければ沈んでしまう救命ボートの状況ですね。もし全員がボートにしがみついていたらボートは沈んで全員が溺れてしまう。

心理学者　一九六四年にニューヨークで起きた事件では、帰宅途中の女性会社員が、自宅アパートの側で暴漢に襲われ、ナイフで刺されてしまいました。彼女は、その後もバッグを持って必死で逃げましたが、犯人は追いかけてバッグを奪い、彼女は結局アパートの中庭で力尽きて殺されてしまったのです。

このアパートでは、三十八名に及ぶ住民が、およそ二十分以上にもわたって、彼女の悲鳴を聞いていました。なかには、窓から一部始終を見ていた住民さえいました。ところが、誰一人として警察に通報しなかった！　というのは、全員が警察とかかわりたくなかったばかりか、どうせ誰かが警察に通報しているに違いないと思い込んでいたからです。

国際政治学者　これも実話ですが、恐怖政治時代のソ連では、スターリンが演説すると、拍手が十分以上鳴りやみませんでした。誰も最初に拍手をやめたくなかったからです！

フランス社会主義者　恐怖政治は、全員が互いに見張りあうような状況を生み出しますからね……。実にいやらしいものです。

フランス国粋主義者　でも、誰も人よりも先に拍手をやめなかったというのが、現実だろう？　社会なんて、そんなものじゃないか！　大衆は、チキンばかりだ！

心理学者　社会的チキンゲームを応用したパーティ・ゲームがあります。

ホストがゲスト全員に紙を配って、名前と「百ドル」か「二十ドル」のどちらかを書くように言います。ただし、ゲストはお互いに相談することはできません。そして、ホストはその紙を集めるだけです。

さて、もしゲストの中に一人でも「二十ドル」と書いた人がいれば、ゲスト全員が、自分が書いたとおりの賞金を受け取れます。しかし、もし誰も「二十ドル」と書かなければ、つまり、ゲスト全員が「百ドル」と書いた場合には、誰も賞金を受け取れません。

どうなると思いますか？

会社員　なるほど。誰も貧乏くじを引きたくないから、一人も「二十ドル」とは書かない。全員が「百ドル」と書くから、ホストは、賞金を支払わずにすむというわけですか。

心理学者　そのとおりです。今度、会社の新年会や忘年会の余興でやってごらんなさい。あなたは、賞金を支払わなくてすむはずですよ。

会社員　いえいえ、一人でも変わり者がいて「二十ドル」と書いていたら大変なことになりますから、私はやめておきます。

数理経済学者　たしかに、一人でも「二十ドル」と書いたら、全員に書いたとおりの金額を支払うというゲームでは、ホストが大変かもしれませんね。しかし、二〇パーセント以下が書くというルールではどうですか？

実は、一九八四年、全米科学振興財団が、『サイエンス』誌上でこの実験を行ったのです。ルールは、読者が「百ドル」か「二十ドル」のどちらかをハガキに書いて財団に送り、もし「百ドル」の希望者が全体の二〇パーセント以下であれば、参加者全員に書いた通りの金額を支払うというものでした。

このゲームを計画した編集部は、財団は絶対に賞金を支払わずにすむと主張しましたが、財団は、万一の場合を考えて、ロンドンのロイズ保険に保険をかけたいと申し出ました。ところが、ロイズ保険は、ゲーム理論の予測を信用しなかったらしく、この実験の保険は拒否されたのです！　したがって、賞金は実際には出ないことになってしまったのですが、ともかく読者は、賞金が出るものと仮定して参加することになりました。

それでも参加者は三万三五一一人にのぼり、二万一七五三名が「二十ドル」、一万一七五八名が「百ドル」と書きました。つまり「百ドル」と書いた裏切り者の割合は三五パーセントで、仮に実際に賞金がかかっていたとしても、全米科学振興財団は何も支払わずにすんだという結果になりました。

集団的合理性と個人的合理性

カント主義者　それにしても、裏切り者が三五パーセントもいたとは情けない。カントの純粋実践理性の根本法則にしたがって、全員の利得を考えるべきだ。つまり、全員が欲張らずに「二十ドル」と書けば、全員が二十ドルの利益を得られるじゃないか！

会社員　たしかにそうかもしれませんが、実際には、そうならないじゃないですか！

もしここに手榴弾が投げ込まれて、誰かが抱え込まなければ全員が死んでしまう場合、実際にどうしますか？　率先して、手榴弾を抱える人はいるんでしょうか？

数理経済学者　その場合、「集団的合理性」は、誰かが犠牲になって抱えるよう命じますが、「個人的合理性」は、自分以外の誰かが抱えることを命じます。囚人のジレンマから社会的チキンゲームに至る議論の根底にあるのが、この二つの合理性の衝突なのです。

哲学史家　そのような極限状況においては、もはや合理性よりも人間性が試されているでしょうな。

古代ギリシャ時代の哲学者カルネアデスが、当時の船の遭難事件について述べていいます。海に投げ出された男が漂流していると、一枚の舟板が流れていたので摑まろうとしました。ところが、ちょうどそこに別の男が流されてきて、同じように舟板に摑まろうとする……。しかし、二人が摑まると、舟板も一緒に沈んでしまうのです。

映像評論家　それに類した極限状況は、これまでにも無数の映画に描かれていますね。たとえば、一九九七年の映画『タイタニック』では、主演のレオナルド・ディカプリオが、愛するケイト・ウィンスレットを舟板に乗せて、自分は……。

司会者　映画の話はともかく、現実の事件では、どうなったのでしょうか?

哲学史家　「カルネアデスの舟板」の話では、二人の男が舟板をめぐって命がけで殴り合い、負けた男は溺死し、勝った男は舟板に乗って助かったわけです。その後、この男は殺人罪に問われて裁判にかけられましたが、その結果、無罪になりました。

法律学者　法的には「緊急避難」ですな。すなわち、自己の危難を避けるために、やむをえず他者の権利を侵害する行動に対しては、その違法性が阻却《そきやく》されるわけです。その事件ならば、仮に現在において生じたとしても、ほとんどの国の法律で無罪判決が下されるでしょう……。

ロマン主義者　そんな極限状況の問題を頭で考えたって、結論が出るはずがないじゃないか！　ルソーの言うように、「考える人間は堕落した動物」なんだよ。このへんでこの話は終わりにして、冷えたビールでも飲むべきじゃないかね？

司会者　さまざまな意味で、人間の合理的選択の限界と可能性が見えてきました。それでは、いったんこの話題は打ち切って、休息したいと思います。

一同　（拍手）

第二章　科学の限界

1　科学とは何か

司会者　それでは、第二のセッション「科学の限界」を始めさせていただきます。

このテーマを選んだのは、一般に科学こそが人類の導いた理性の集大成と考えられているからです。科学はあらゆる分野の知識に浸透し、科学に基づく技術はめざましい進歩を遂げ、遺伝子工学やナノテクノロジー、ロボティックスなど、以前は想像することさえできなかったような新たな発見や発明が報道されています。今では地球上あらゆる地域の情報がオンタイムでインターネットに流され、続々と登場する新製品は、私たちに非常に身近で具体的な影響を与えています。

その一方で、このような現状に警鐘を鳴らす人々もいます。核兵器やクローン実験、環境汚染や地球温暖化問題など、科学は人々に恐怖感や不安感を抱かせ、急速に進みすぎる科学が人々の非人間化を促進しているという見方もあります。

そもそも科学とは何なのか、科学は人間に何をもたらしたのか、科学はどこまで進むのでしょうか？

科学と理性主義

科学主義者　過去の歴史を振り返ってみると、科学はまさしく「理性主義」に基づいて発展してきました。ここで理性主義というのは、非常に単純化して定義すると、出来事にはすべて「理由」があるという考え方です。ただし、その理由は「理性」によって説明できるものであって、それを超えた「神秘」を持ち込んではならない。

たとえば、リンゴが木から落ちますね。これはなぜか？　近代以前の多くの文化圏の人々は、リンゴには一種の「アニマ」(精霊)が宿っていて、それがある程度熟して重くなってくると空中にいたくなくなって落下する、というふうに考えていました。

慣性の法則が発見される前の中世などでは、物体が運動を続けるためには、絶えず力が作用しなければならないとみなされていました。それでは、どうして天上の惑星は動き続けるのか？　なぜなら、天使が後ろから押しているからだと説明されました。つまり、あらゆる現象をアニマや天使によって説明する「アニミズム」が主流だったわけです。

万学の祖と呼ばれる古代ギリシャ哲学者のアリストテレスは、自然に真空が存在しないことを「自然は真空を嫌う」という言い方で説明しています。自然にも人間と同じような好き嫌いの感情があって、真空を「嫌う」と考えたわけですね。かつては、あらゆる現象に対して、このような一種の擬人化が用いられていました。

大学生A　そのような感覚は、現代人でも持っているのではないでしょうか？
　私たちも木の枝を折ると痛いだろうなと思ったり、ぬいぐるみに名前をつけて話しかけたりしますし……。これは変なのでしょうか？

心理学者　いえいえ、それは心理学用語でいう「感情移入」でして、そのように感じることは、むしろノーマルな精神作用だと言えます。ただ、その感覚は、必ずしもアニミズムだけで説明できる問題ではないのです。最近の若者の特徴としましては、男性性としての「アニムス」と女性性としての「アニマ」が自我に介入しすぎるあまり、社会への適応が困難になる傾向がありまして……。

司会者　そのお話はまた別の機会に伺うことにして、科学に話を戻してください。

科学主義者　ともかく、近代以前は、すべての現象を自然の「神秘」によって説明していたわけです。ところが、ルネサンス以降になると、そのような神秘主義を退けて、すべての現象に明確な「理由」を見出そうとする人々が出てきた。彼らは、あらゆる出来事を、アニミズムや感情移入などではなく、他の出来事との因果関係によって理性的に説明しようとしました。

彼らこそが理性主義者で、近代科学の原点に位置する人々です。彼らは、物事の本当の理由を突き詰めるべきだと考えました。そこで、自然には出来事を成り立たせる普遍的な法則があるに違いないと想定し、その「自然法則」こそが、本当の理由だと考えたのです。

このように新たな視点で世界を観察した結果、実際にさまざまな自然法則が発見されていきます。コペルニクスからガリレオにいたる地動説から、ニュートンの万有引力や運動法則の発見に至るまで、近代科学は偉大な成功を収めました!

会社員　万有引力ですか……。学生時代、勉強しました。「すべての二つの物体間には、各々の質量の積に比例し、物体間の距離の二乗に反比例する万有引力が存在する」ですよね。

科学主義者　そのとおりです。その万有引力や運動の法則によって、なぜリンゴが木から落ちるのか、なぜ人間が地球の上に立っていられるかばかりでなく、あらゆる物体間の関係が説明できます。当時の人々にとっては、さぞかし驚異だったことと思いますよ。月と地球の関係も、地球と太陽の関係も、さらに無数の天体現象も、これらの法則によって明確に説明できてしまうわけですから。

会社員　たしかに考えてみれば、すごいことですね。自然が規則的な法則に従っているということは……。

科学主義者　今、私たちの周囲にある電子機器も高層ビルも通信衛星も、元をたどれば、このような科学的発見の積み重ねによって実用化されたものばかりです。科学を応用した技術によって、世界そのものが大きく変わってしまったわけです。現代社会では、これまでの科学技術の成果の恩恵に与《あずか》っていないものを探すほうが困難でしょう。それほど私たちの生活の隅々にまで、科学技術は行き渡っています。科学こそが、人類の達成した最もすばらしい成果なのです！

ロマン主義者　ちょっと待ちなさい。人類の達成した最もすばらしい成果といえば、それは「芸術」だよ！　音楽に絵画、彫刻、建築、デザイン、ファッション、文学……。私にとっては、芸術がなければ、生きている価値はないね！

科学主義者　生きている価値ですって？

それでは、われわれ人間の平均寿命を考えてみてください！　そもそも、農耕生活が始まる以前の人間の平均寿命は三十歳未満に過ぎず、この状況は中世ヨーロッパ末期に至るまで変わりませんでした。病気になっても祈禱《きとう》やまじないが中心に用いられ、まともな治療法もなく、とくに乳幼児が無数に亡くなっていたからです。

このように悲惨な状況は、十九世紀に細菌が発見されて、外科手術が広く一般に行われるようになるまで続きます。ヨーロッパ諸国の平均寿命が四十歳になったのは、ようやく一八七〇年頃ですよ。これが、一九一五年に五十歳、一九三〇年に六十歳、一九五五年に七十歳になり、現在では八十歳代にまで近づいています。

科学史家　パスツールが伝染病の症例を分析して、細菌病因説と治療法を唱えたのが、一八六二年のことでした。たしかに、それ以降の人間の死亡率は急速に減少し、ほんの百数十年間で、平均寿命は二倍になり、世界人口は三倍になっています。

科学主義者　この事実をご覧になるだけでも、いかに科学が人類に恩恵を与えたか、おわかりいただけるでしょう？

ロマン主義者　そうかな？　世界人口が三倍になったおかげで、アフリカやアジアでは、食糧問題や難民問題をはじめとする無数の問題が生じているのではないかね？

それに、寿命が延びたからといって、いったいなんの意味があるのかね？　たしかに現代人の寿命は延びたかもしれないが、結局は、病院にいる時間ばかり増えただけだ。そんな人間は、生ける屍だ！　そもそも生きるということの意味は、愛であり情熱であり、感動であり喜びであって……。

司会者　科学に話を戻していただきたいのですが……。

天動説と地動説

科学史家　近代科学が大成功を収めたことは事実ですね。ただし、それは無数の科学者の試行錯誤や、宗教的政治的弾圧を払いのけた結果として成立していることもお忘れなく。

たとえば、紀元一四〇年にプトレマイオスが『アルマゲスト』で主張した「天動説」によれば、宇宙の中心には地球があり、その周囲を太陽と月と惑星が回る仕組みになっています。ところが、しばしば惑星が天上で後戻りする逆行現象が古代から観測されていて、このような奇妙な動きもそれぞれの惑星の円運動で説明しなければなりません。そのため、天動説は八十もの「周転円」と呼ばれる惑星軌道の組み合わせから合成されました。

もし地球を含むすべての惑星が太陽の周囲を公転していると考えれば、惑星の逆行現象は、その公転速度の違いから簡単に説明できますし、複雑な周転円運動もずっと簡略化されます。つまり、それが「地動説」なのですが、コペルニクスが『天体の回転について』を公表したのは一五四三年のことですから、誤った天動説が、なんと千四百年以上にもわたって、人々に教え継がれたことになります。

しかもコペルニクスは、一五〇〇年代初頭には地動説に気づいていたのですが、天動説を教理としていたキリスト教会を恐れて、死の直前まで公表を控えていました。コペルニクスが著作を受け取ったのは、まさに彼が亡くなった当日だったと伝えられています。

大学生A　科学者が、自分の理論を公表できない時代があったなんて、恐ろしいことですね……。

科学史家　そうですね。現在からでは考えられないかもしれませんが、いわゆる中世暗黒時代の教会の権力は絶対的なもので、教会の教理に反する説を公表することは、学者にとって命がけの大事件でした。

コペルニクスの死後、『天体の回転について』はカトリック教会の禁書目録に載せられ、この禁止令は一八三五年まで解かれませんでした。しかし、地動説は徐々に科学者に浸透し、ついに一六三二年、ガリレオが『天文対話』を公表するに至りました。

この対話篇では、プトレマイオスの天動説支持者とコペルニクスの地動説支持者、それに進行役の中立者を加えた三名が議論するのですが、天動説の多くの誤りが指摘され、結果的に地動説が確立される内容になっています。しかも、当時の学界の頑迷さをつねづね苦々しく思っていたガリレオは、皮肉と風刺に満ちた言葉で、天動説支持者の理論を完膚なきまで論破しています。そのため、この本は教会サイドの大変な拒絶反応を引き起こし、ガリレオは異端者として、宗教裁判にかけられることになったのです。

会社員　学説が違うだけで裁判にかけるなんて、本当にひどいものですね。

科学史家　ガリレオは、地動説が真実であることをさまざまな証拠を挙げて説明しましたが、彼が自説を主張すればするほど、異端審問所は、取り調べを厳しくしていきました。挙句の果てに拷問にかけると脅されたガリレオは、一六三三年六月二十二日、ついに自説を撤回し、今後は地動説を永久に放棄すると宣誓してしまいました。

ロマン主義者　なんと意気地のない科学者じゃないか、ガリレオは……。彼は、命をかけてでも真実を守るべきだったのではないかね？　ソクラテスのように！

哲学史家　ちょっとお待ちください。ソクラテスは、真実を守ったというよりは、自説を曲げずに、むしろ死を選んだと言うべきでしょう。というのは、彼には十分弁明の機会が与えられ、死刑よりも軽い国外追放のような刑を選ぶこともできたし、牢獄から脱走するチャンスさえありました。それでもソクラテスが死刑を選んだ根本的な理由を理解するためには、そもそも法と正義とは何かについて考えてみる必要がありまして……。

司会者　ソクラテスのお話はまた別の機会に伺うことにして、ガリレオは、その後どうなったのでしょうか？

科学史家　ガリレオはすでに七十歳と高齢でしたし、拷問などにかけられたら、ひとたまりもなく死んでしまったでしょう。ですから、彼は、真実を曲げても、宣誓せざるをえなかったといわれています。

当時の教会は、宗教改革の嵐の中にあり、ルネサンス以降崩れ始めた権威を固持することに必死になっていました。この裁判の三十年ほど前には、やはり教理に反する異端思想を撤回しなかったジョルダーノ・ブルーノが火刑に処されたという経緯もあります。ガリレオも自説を捨てなければ、おそらく拷問ばかりか、火あぶりにされたことでしょう。

大学生A　でもガリレオは、地動説を捨てると宣言した後で、「それでも地球は動いている」とつぶやいたんですよね？

科学史家　そのように伝えられていますね。結局ガリレオは、拷問を免れましたが、教会からは破門され、終身監視を受ける身となります。この破門が解かれたのは、ごく最近の一九九二年、ローマ法王が正式にガリレオ宗教裁判における教会の非を認め謝罪した時でした。

科学主義者　ガリレオの事件は、科学においては、いつかは真実が必ず明らかにされるという見事な一例を示しています。たとえいかなる権威が真実を歪めたとしても、最後には必ず科学が勝利するのです！

方法論的虚無主義者　君は実に単純素朴に科学を信奉しているようだが、今や科学こそが最大の権威であり、宗教そのものであることに気がつかないのかね？

科学主義者　なんですって？　科学が宗教ですって？　それはどういうことですか？

司会者　ちょっとお待ちください。科学そのものに関するお話は、また後ほどということで、近代の科学が一般に受け入れられたのは、やはりニュートン以降なのですね？

ラプラスの悪魔

科学主義者　そうですね。一六八七年にニュートンが発表した『プリンキピア』は、地上の物体の運動から天上の惑星の軌道に至るまで、あらゆる自然現象を説明することができました。彼は、自ら発見した万有引力の法則に、落下運動に関するガリレオの力学、惑星運動に関するケプラーの法則や振り子運動に関するホイヘンスの研究などを総合して、見事な世界像を表現したのです。

科学史家　もともと『プリンキピア』は、ユークリッドの『原論』を意識して書かれています。体系の出発点となる公理に相当するのが、慣性の法則、運動方程式、作用・反作用の法則で、ニュートンは、これらの基本三法則から、他の物理現象を演繹《えんえき》的に導き出す力学体系を構築しました。

科学主義者　実際に、ニュートン力学は、驚くべき威力を備えていました。宇宙は、絶対時間と絶対空間という枠組みにおいて美しく厳密に定義され、数学的には、ニュートン自身の導いた微積分法によって極限まで計算可能になりました。
そして、ニュートンの導いた自然法則は、当時の機器によるほとんどすべての観測で確認され、またその予測も正確であることが検証されました。

哲学史家　ちょっとお待ちください。今「ニュートン自身の導いた微積分法」とおっしゃったが、微積分法を先に発見したのは、ライプニッツですよ。
ライプニッツは、一六八四年に『極大と極小に関する新たな方法』という論文で微分法を確立し、その二年後には積分法も完成させております。ニュートンが『プリンキピア』を発表したのは、その翌年のことですからな……。ヨーロッパでは、微積分法の創始者といえば、もちろんライプニッツのことです。

科学史家　しかし、ニュートンは、『プリンキピア』発行の二十年以上前に「流率法」と呼ばれる微積分法の概念を摑んでいました。彼は、それを正式な形では公表していませんでしたが、たとえば一六七二年に友人に宛てた手紙にも表現されていますし、その内容は、王立協会の数学者や科学者には、広く知れ渡っていました。つまり、イギリスでは、微積分法の創始者といえば、当然ニュートンのことなのです。

哲学史家　しかし、今おっしゃった「流率法」をニュートンが正式な論文として完成させたのは、たしか一七〇四年のことでしたね。ライプニッツの論文よりも二十年も後のことじゃないですか！

科学史家　ですから、申し上げたじゃないですか！　ニュートンは、完全主義者だったので正式な論文として発表するまでに時間がかかりましたが、「流率法」自体は、ライプニッツよりもずっと先に発見していたのです。

ところで、そのライプニッツの話ですが、一六七三年にイギリスに二ヵ月以上滞在して、王立協会の数学者や科学者と交流していますね……。もしかすると、その期間中に、ニュートンの流率法を知った可能性はありませんか？　その内容を発展させてライプニッツが先に論文発表したのではないかというのが、イギリスの科学史界の通説ですが……。

哲学史家　つまり、ライプニッツがニュートンのアイディアを剽窃《ひょうせつ》したとでも言うのですか？　それは、とんでもない濡れ衣です！　そもそもニュートンは、非常に権力欲が強く猜疑心《さいぎしん》の強い人間だった。彼こそが、王立協会の会長としての地位を利用して、ライプニッツの論文を剽窃だと偽善的に告発したのではないですか？　ドイツの哲学史界では、それが常識になっていますが……。

それに、現代数学の微積分法においても、ライプニッツの記号法がそのまま用いられていることを考えてみてください。これこそ、ライプニッツの論文が世界で受け入れられた明らかな証拠です。

司会者　微積分法の先取権のお話は、興味深いのですが、また別の機会にお伺いします。ともかく、歴史的には、ニュートンの『プリンキピア』が大成功を収めたという話ですが、なにか具体的な例はありますか？

ハレー彗星の予測

科学主義者　それでは、ハレー彗星を考えてみましょう。

彗星の存在は古代から知られていましたが、その動きは惑星とはまったく異なり、それがどのような軌道を描いているのかは大きな謎でした。地動説が受け入れられた後にも、彗星は単に直線を描いて太陽系を横切るとみなされたり、放物線軌道で太陽に接近して永遠に遠ざかると考えた天文学者もいました。

ところが、ニュートンの『プリンキピア』の重力理論により、彗星も惑星と同じように、太陽の重力に束縛された楕円軌道を描くのではないかという仮説が、考え出されました。

ニュートンの親友だった天文学者エドモンド・ハレーは、過去の彗星の観測記録を調査して、一六八二年に彼の観測した彗星の軌道が、一六〇七年、一五三一年、一四五六年に観測されたものと非常に似ていることを発見しました。この彗星は、他の惑星と同じように楕円軌道を描いていますが、その軌道は非常に細長く、太陽に非常に接近した後は、土星を遥かに越えた地点まで遠ざかることが計算されました。

そこでハレーは、一七〇五年、この彗星はおよそ七十六年周期で太陽を周回するはずであり、他の惑星の重力の影響を計算したうえで、次回は一七五八年頃に回帰するに違いないと発表しました。

そして、一七五八年十二月二十五日のクリスマス、実際にこの彗星が太陽に接近する姿が、観測されたのです！　ハレー自身はすでに亡くなっていましたが、彼の功績をたたえて、この彗星は「ハレー彗星」と命名されました。

大学生A　彗星が予測したとおりに帰ってくるなんて、なんだかロマンティックですね。

科学主義者　これこそが科学の大勝利なのです！

カント主義者　カントもニュートン力学を研究しておる。一七五五年、『天体の一般自然史ならびに理論』という論文を発表して、ニュートン力学を応用して太陽系の起源を考えるとどうなるかを論じたのだ。

科学史家　たしかに、そうでしたね。カントの説は、フランスの数学者ラプラスが独立して説いた、星雲から重力の収縮によって惑星が誕生するという説と合わせて、今では「カント・ラプラスの星雲説」と呼ばれています。

カント主義者　それればかりじゃない。カントは、無数の恒星が集まってレンズ型の銀河系を構成することも見抜いておった。さらに、太陽は銀河系の中心から離れた部分に位置する恒星の一つにすぎないことも予測し、地球から銀河系のレンズ型の軸に沿った方向を見た結果こそが天の川だと考えたのだ。

科学史家　そうでしたか、そこまでは知りませんでした。銀河系の存在が明らかになるのは二十世紀に入ってからですから、カントには非常に先見の明があったようですね。

カント主義者　君は科学史の専門家でありながら、そんなことも知らなかったのかね？　どうせカントは文系の哲学者だから、たいして科学的なことは言ってないだろうと思って、カントの論文も読んでおらんのだろう？　そのような先入観が、学問を閉鎖的にしてしまうのであって、カントの計算によれば……。

司会者　カントのお話はまた別の機会に伺います。ここでは科学に話を戻してください。

科学史家　いえいえ、おっしゃるとおり、私もうかつでした。正直申し上げて、カントのような哲学者が、そこまで斬新《ざんしん》な宇宙観を持っていたとは驚きです。さっそくカントの論文を拝見してみようと思います。

司会者　さて、ニュートン力学は、当時の科学の集大成と考えてよろしいのですね？

科学主義者　そのとおりです。ここまで成功を収めると、ニュートン力学は、この宇宙の基本的な自然法則を明確に表現するものと考えられるようになりました。

そこで非常に興味深い考え方を提起したのが、さきほど名前の登場したラプラスです。彼は「偶然とは無知の告白である」と言ったことで知られていますが、この宇宙の出来事はすべて決定されており、不確定要素の入り込む余地はないと考えたのです。

会社員　それはどういうことですか？

科学主義者　たとえばハレー彗星はニュートン力学にしたがって公転していますから、ある時点の軌道を計算すれば、今どの位置にあり、将来いつ地球に接近するかも計算できますね？　同じような考え方で、日食や月食も計算できるし、球を投げればどのように落下するかも正確に予測できるわけです。つまり、初期状態さえわかれば、後はそれをニュートン力学に当てはめればよいのです。

会社員　なるほど。そうすると、ある瞬間の状態がわかれば、次の瞬間の状態が決まり、さらに次の瞬間の状態が決まる、というふうに続くということですね。

科学主義者　おっしゃるとおりです。任意の一時点で宇宙の状態がわかれば、後はニュートン力学によってすべてが定まり、不確定性の入り込む余地はないことになります。

一八一四年、ラプラスは『確率の哲学的試論』において、「ある瞬間に宇宙のすべての原子の位置と速度を知ることができるならば、未来永劫《えいごう》にわたって宇宙がどうなるかを知ることができる」と述べています。これが「機械論的決定論」と呼ばれる考え方です。

会社員　それにしても、「ある瞬間に宇宙のすべての原子の位置と速度を知る」なんてことは不可能でしょう？

科学主義者　もちろん、人間にはできません。そこでラプラスは、人知の限界を超えた悪魔を考えました。この「ラプラスの悪魔」は、ある時点で宇宙のすべての原子の位置と速度を認識し、しかも瞬時に次の位置と速度をニュートン力学によって計算できます。

たとえば、ラプラスの悪魔が、現時点で宇宙のすべての原子の位置と速度を知ったとします。すると一秒後に宇宙はどうなっているか、悪魔はあらゆる原子の位置と速度から一秒以内に計算して、それを知ることができるというわけです。

いわば、宇宙全体が、一度動き始めれば、後は自然法則どおりに動き続ける自動機械のようなものであり、あらゆる出来事は決定されているとみなされたのです。したがって、もしラプラスの悪魔が存在したら、森羅万象は余すところなく知り尽くされ、すべては予測どおりに従うことになると、そのように考えられたのです。

2 ハイゼンベルクの不確定性原理

ロマン主義者 森羅万象を余すところなく知り尽くすだって？ そんな考え方自体が、科学者の傲慢な思い上がりなんだ！ すべてが予測どおりの機械論的決定論だって？ 実に夢のない発想じゃないか！

科学史家 それというのも、やはりニュートン力学があまりにも成功を収めたからといえるでしょう。十八世紀には蒸気機関が発明されて産業革命が始まりますが、ここでもニュートン力学は技術応用に威力を発揮しました。さらに十九世紀になると、イギリスの物理学者ジェームズ・マクスウェルがニュートン力学を拡張して、電気・磁気・光学を統一した電磁力学を完成させました。

この頃になると、自然法則は、ニュートン物理学によってすべて解明されたと考えるような人々も出てきました。人類は物理学を完成させたのだから、もはや新たな発見はないだろうと言われたほど、楽観的な風潮が強くなったのです。

科学主義者 しかし、現場で研究を続けていた科学者は、それほど楽観的ではなかったと思いますよ。だからこそ彼らは実験を続け、ニュートン物理学では解決不可能な問題を発見したのですから……。

司会者　そのニュートン物理学で解決不可能な問題というのは何だったのですか？

光速度不変の原理

科学主義者　当時の科学者を最も悩ませたのは、どのように測定しても、光の速度が一定だという驚くべき事実でしょう。

会社員　光の速度といえば、秒速約三〇万キロメートルですよね。つまり、速すぎることが驚異的なのでしょうか？

科学主義者　もちろん、光の速度が何よりも速いことも事実ですが、その速度そのものが問題なのではなくて、どのように測定しても、光の速度が常に一定の値を取ることをニュートン力学では説明できなかったのです。

会社員　それはどういう意味なのですか？

科学主義者　そもそも「速度」という概念は、「距離」を「時間」で割った結果として定義されます。たとえば一〇〇キロメートルの距離を二時間で走る自動車があれば、平均時速五〇キロメートルで進むことになりますね。もしあなたが静止していれば、近づいてくる自動車の速度が、時速五〇キロメートルだということになります。
ところが、もしあなたも自動車に乗って、時速三〇キロメートルで並走していれば、時速五〇キロメートルの自動車もそれほど速くは見えません。というのは、あなたの自動車の時速を差し引くと、相手の自動車は時速二〇キロメートルで走るように見えるからです。
それでは、時速五〇キロメートルで向かってくる車に対して、あなたの自動車が時速七〇キロメートルで対向車線を走っているとすると、すれ違うときに相手の自動車の速度はどのように見えるでしょうか？

会社員　そうなると、両方の速度が加算されるでしょうから、相手の自動車は時速一二〇キロメートルでこちらに向かってくるように見えるでしょうね。

科学主義者　そのとおりです。つまり、速度というのは絶対的な概念ではなく、何かを基準として、何かに対して計測されるものなのです。
あなたの自動車が、こちらに向かってくる相手の自動車に近づけば、相手の速度はより速く観測され、遠ざかれば、相手の速度はより遅く計測されます。その数値は、単純に両者の速度を足すか引くことによって得ることができるわけです。これが「速度合成法則」と呼ばれるニュートン力学の基本法則で、運動するいかなる物体に対しても、相対的に成立すると考えられていました。ところが、光の速度に対しては、この速度合成法則が成り立たないことが実験的に確認されたのです。

司会者 それは不思議ですね！ どのような実験で確認されたのでしょうか？

科学主義者 十九世紀末からさまざまな種類の実験が行われましたが、とくに決定的だったのは、一八八七年にアメリカの物理学者アルバート・マイケルソンとエドワード・モーリーが行った実験です。

彼らは、地球が太陽の周囲を公転していることから、公転方向とほぼ垂直の南北方向に進む光の速度と、公転方向とほぼ平行の東西方向に進む光の速度には、当然変化が出るはずだと考えました。地球の公転速度は、平均秒速二九・七八キロメートルで、時速にすると一〇万キロメートルを超える高速です。これは、光の速度の約一万分の一に相当し、なんらかの変化を検出するために十分な相対速度といえます。マイケルソンとモーリーは、精密に光の速度の変化を検出できる実験装置を組み立てて、何度も実験を行いました。

ところが、大多数の物理学者の予想に反して、光の速度は南北方向でも東西方向でも、まったく同じだったのです。

会社員 ということは、仮に時速ではなくて秒速一〇万キロメートルで進むことができたとして、向かってくる光を観測しても、やはり光の速度は同じだということですか？

科学主義者　そのとおりです。
大学生A　それでは、もし光の速度で走ることができたら、光はどのように見えるのでしょうか？

相対性理論

科学主義者　それはすばらしい質問ですね！　実は、アルバート・アインシュタインが十六歳の時に抱いたのが、まさにその疑問だったのです。
彼は、もし光の速度で光線を追いかけたら、その光線はどのように見えるのかと想像しました。たとえば二台の自動車がまったく同じ速度で並走していたら、相手の自動車は止まって見えますね。それでは、光の速度で光線に並んだら、一方の光線が静止して見えるのかというと、そんなことは不可能だとアインシュタインは考えました。
大学生A　ということは、もし光の速度で追いかけても、やはり光の速度は変わらないということですか？
科学主義者　まさにそのとおりです。真空中の光の速度こそが、この宇宙における絶対的な速度の限界であり、それはいかなる観測者から見ても同じなのです。アインシュタインは、この「光速度不変の原理」から出発して、これまでのニュートン物理学を根本的に見直すことにしました。

そして、一九〇五年、従来の概念を根底から覆す「特殊相対性理論」を発表したのです。それは、アインシュタインが光の速度に疑問を抱いてからちょうど十年後、彼が二十六歳の時のことでした。さらにアインシュタインは、特殊相対性理論を加速度運動や重力理論にも適用できるように拡張し、一九一五年に「一般相対性理論」を完成させました。

会社員　結局、ニュートン物理学は間違っていたということですね。

科学主義者　というよりも、アインシュタインの物理学はニュートンの物理学よりもずっと広範囲に適用できるということです。

地球上の一般的な物理法則に対しては、アインシュタインの物理学は、ニュートンの物理学とほとんど同じ結果を導きます。ただし、運動する物体の速度が非常に速く光の速度に近づいているような場合や、非常に強い重力場が問題になる場合などでは、ニュートン物理学はもはや適用不可能となり、相対性理論を用いなければなりません。

司会者　それにしても、相対性理論の何が従来の概念を根底から覆したのでしょうか？

科学主義者　光の「速度」が不変であるということは、逆に「時間」と「距離」の概念が不変ではないことになるのです！

そもそもニュートン物理学は、絶対時間と絶対空間を基準に組み立てられていました。ニュートン物理学の「時間」とは、宇宙全体に普遍的に流れるものであり、「空間」は、宇宙全体の不動の枠組みと捉えられていました。ところがアインシュタインは、そのような絶対時間と絶対空間の概念を放棄し、時間と空間も、それぞれの観測者によって異なる相対的な概念であることを立証したわけです。

司会者　時間と空間が相対的というのは、どのようなことなのでしょうか?

科学主義者　文字どおり、時間や空間も観測者の運動に応じて異なるという意味です。相対性理論によれば、運動している時計は静止している時計よりも進み方が遅くなりますし、運動している物体は進行方向に対して長さが縮みます。

ただし、その影響は、運動が光の速度に接近するようなものでなければ、ほとんど無視できる程度のものですが……。たとえば、アポロ宇宙船が月まで往復運動した結果、宇宙飛行士の時間は地球上の時間に比べて相対論的に遅れましたが、その相違は一千万分の一秒程度です。

さらに相対性理論は、時間と空間ばかりでなく、質量やエネルギーの概念も根本的に変革しました。アインシュタインの有名な方程式「$E=mc^2$」は、物体の質量に光速度の二乗を掛けた結果がエネルギーと同等であることを示しています。原子力発電所では、ごく微量のウランの核分裂反応を利用して、膨大な原子力エネルギーを取り出しているわけですが、質量が膨大なエネルギーを秘めているという発想も、相対性理論に基づくものです。

科学史家　アインシュタインの相対性理論は、あまりにも当時の常識を覆す内容だったため、最初は批判や反論も多く、これを理解できる学者も世界に数名しかいないと言われたほどでした。しかし、その後、あらゆる観測や実験で確認されており、今日では相対性理論を疑う科学者は、ほとんどいません。

科学主義者　最初に一般相対性理論が確認された観測は、実に劇的でした！

アインシュタインは、一般相対性理論の重力場方程式により、太陽の重力によって空間に歪みが生じることから、太陽の近傍で観測される恒星の位置がずれて見えるに違いないと予測しました。そして、一九一九年、イギリスの天文学者アーサー・エディントンが南半球で起きた皆既日食中の恒星の位置を観測し、それが見事にアインシュタインの予測どおり一・七五秒角ずれていることを確認したのです。

当時は第一次世界大戦が終わったばかりで、イギリスとドイツは敵対関係にありました。さらに、ニュートンとライプニッツの微積分法の先取権論争を弟子たちが引き継いでいたこともあって、両国の学者同士でさえ互いに敵対するような傾向もありました。

ところが、エディントンの発見によって、ドイツの物理学者の理論がイギリスの天文学者によって実証されたわけです。このニュースは、学問に国境はないという美しい実例として、世界中に配信されました。これこそが、すばらしい科学の成果なのです！

ミクロの世界の不確定性

科学史家　アインシュタインの相対性理論によって、いわゆる古典物理学が完成しました。これによって、時間や空間と質量やエネルギーがどのような関係にあるのか、ビッグバン以降の宇宙がどのように形成され、今後どのように膨張していくのかなど、マクロの自然現象については、非常に多くのことが解明されるようになりました。

一方、ミクロの世界では、さらに衝撃的な限界が発見されました。それが、一九二七年にドイツの物理学者ヴェルナー・ハイゼンベルクの発見した「不確定性原理」です。

司会者　それはどのような原理なのでしょうか？

科学主義者　人間の観測には、超えられない限界があるという原理です。

私たちが何かを観測する時には、対象から跳ね返ってくる光を見ているわけです。たとえば、今私はあなたの顔を見ていますが、それは、あなたの顔を反射した光が私の網膜上に映り、その像が視覚神経系を伝わって脳に伝達されることによって、そのような認識が生じているわけです。

哲学史家　その話では、不十分ですな。そもそも、今のお話では、光がどのようにしてあなたの脳に到達するかの経路は示されていますが、なぜその経路によって、あなたが人の顔を認識できるのかが説明されていません。つまり、知覚そのものが何なのかという疑問には答えていないのです。これがデカルト以来の「知覚の因果説」の最大の哲学的難問でありまして……。

司会者　哲学の認識論のお話はまた別の機会に伺うことにして、ここではハイゼンベルクの不確定性原理の説明をお願いします。なんといっても、これこそが理性の限界を示す一大発見だと言われているのですから……。

科学主義者　それでは、ミクロの世界を観測するにはどうすればよいか、考えてみてください。そのためには、ミクロの対象に光を当てなければなりません。光は電磁波の一種ですから、ミクロの対象の位置を精密に測定したければ、対象が一回の波の振動に埋もれないように、短い波長の光を使う必要があります。ところが、光は波長が短くなればなるほど、振動数が高くなり、エネルギーが高くなるため、対象の位置を乱してしまうのです。

たとえば、電子の「位置」を測定したいとします。波長の短いX線のような電磁波を電子に当てると、X線がある方向に跳ね返ってくるので、その方向を逆算して電子の位置がわかります。ところが波長の短い電磁波のエネルギーは高いので、電子のほうも動かされてしまうことになり、電子が最初に持っていた「運動量」に影響を与えてしまうのです。

一方、電子の運動量に影響を与えないためには、波長の長い電磁波を使えばよいのですが、今度は波長が長すぎることによって、電子の位置を正確につかめなくなります。

司会者 ミクロの世界では、あまりにも観測する対象が小さすぎるために、測定のために用いる光や電磁波そのものが対象を乱してしまうということですね？

相補主義者 そのとおりです。もう少し正確に言わせていただくと、一般に粒子の位置xと運動量pに対して、その不確定性をそれぞれΔxとΔpとおくと、「$\Delta x \Delta p \geqq h/4\pi$」が成立するというのが、ハイゼンベルクの不確定性原理です。ここで「運動量」というのは質量と速度の積であり、hはプランク定数を意味します。つまり、不確定性原理は、粒子の位置と運動量をhという数値よりも高い精度で測定できないという事実を示したのです。

司会者 もう少しわかりやすく言っていただけますでしょうか？

科学主義者 プランク定数というのは、最初に「量子」という「とびとびの量」の概念を定義したドイツの物理学者マックス・プランクにちなんで名づけられた定数で、運動量と10^{-34}mの積を指します。この長さは、一メートルの小数点下に0が三十四個並んでいるので、なかなか実感がわかないでしょうが……。原子の直径が10^{-10}m、その中心にある原子核の直径でさえ10^{-15}mで、プランク定数はそれよりも10の二十乗分の一小さいわけですから、原子核の一兆分の一のさらに一億分の一ということになります。

運動選手　どうも、まったく実感がわきませんが……。

科学主義者　それでは、最も単純な水素原子一個を直径三キロメートルにまで拡張したとしましょう。これをドーム球場の大きさだとして、この球場の真ん中にゴルフボール一個を置くと、これが原子核のサイズになります。さらに、その架空のゴルフボールを構成する原子の原子核を考えると、それがプランク定数の長さのサイズということになります。

運動選手　やはり、あまり実感はわきませんが、少なくともプランク定数というのが、いかに究極的に小さい数を意味するのかはわかりました。

科学主義者　そのプランク定数が、あらゆる観測精度の限界を示しているわけです。

実在的解釈と相補的解釈

会社員　つまり、不確定性原理というのは、あまりにミクロな物を観測しようとすると、それを観測するために使う光でさえ影響を与えてしまうので、粒子の「位置」と「運動量」の両方を完全には測定できないということですよね？

いつか友人と一緒にバードウォッチングに行った時に、似たような経験をしました。バードウォッチングの醍醐味は、まったく自然のままの鳥の姿を見て、その鳴き声を楽しむことにあります。遠くから双眼鏡を使えば、いきいきとした鳥の姿を観察することはできますが、あまり鳴き声が聞こえません。ところが、鳴き声が聞こえるまで鳥に近づこうとすると、今度は鳥が人の気配を察して逃げてしまうのです。つまり、自然なままの「鳥の姿」と「鳴き声」の両方を同時に味わうのは非常に難しいわけでして……。

科学主義者　観測が、どうしても対象を干渉してしまうというお話ですね。私は、非常にわかりやすいアナロジーだと思いますが……。

相補主義者　いえいえ、バードウォッチングのように、単に観測が対象を干渉するといった素朴な見方では、ハイゼンベルクの不確定性原理の本質を表しているとは言えません。

もしかすると、あなたは、電子の位置と運動量は、本来は決まっているにもかかわらず、人間の観測精度の限界によって、それを同時に知ることはできないとでも思っているのでしょうか？　あなたは、不確定性原理を、そのように解釈されているのですか？

科学主義者　ええ、そうです。私は、それこそが不確定性原理だと解釈しています。アインシュタインも、そのように認識していました。

相補主義者　アインシュタインがそのような「実在的解釈」を持ち続けて、最後まで量子論に強く反発していたことは、よく知っています。しかし、それは大きな間違いです！　不確定性原理は、電子の位置と運動量は、本来的に決まっているものではなく、さまざまな状態が「共存」して、どの状態を観測することになるのかは決定されていないことを表しているのです。

つまり、不確定性原理は、「ラプラスの悪魔」が「原理的」に存在しないことを証明しているわけです。というのは、電子一個だけを考えてみても、その位置と運動量は「原理的」に「不確定」であり、未来の位置と運動量を予測することも不可能だからです。

要するに、ミクロの世界は根本的に不確定であり、未来はなにも決定されていないのです！　これが私の「相補的解釈」であり、現代物理学でも一般に受け入れられている「量子的解釈」でもあります。

司会者　その相補的解釈とは、どのようなものなのでしょうか？

相補主義者　デンマークの物理学者ニールス・ボーアの導いた概念で、「コペンハーゲン解釈」などとも呼ばれています。ボーアは、一九二七年に「量子の要請と原子理論の最近の発展」という講演を行い、その中で、古典物理学では説明のできない量子論の指し示した新しい概念を「相補性」と名づけました。相補性とは、相反する二つの概念が互いに補い合うことによって、一つの新たな概念を形成するという考え方です。

たとえば、電子は「波」であると同時に「粒子」であり、古典物理学のように一方の概念に還元できるものではありません。不確定性原理が示している粒子の「位置」と「運動量」も、相補性の関係にあります。ボーアは、相補性を表すシンボルとして、「陰」と「陽」という対立の相互作用によって、世界を解釈する中国の陰陽思想を取り入れました。

私は、人間と自然の関係や、物質と精神の関係も、相補的に結びついていると考えています。一方が他方を定めるのではなく、双方が互いに補い合わなければ、すべてを理解することはできないのです。

3 EPRパラドックス

哲学史家　陰陽思想も関係しているとは、実に興味深いですね。

科学史家　どちらかというと、物理学者には哲学嫌いが多いのですが、ボーアは、そうではありませんでした。とくに彼は、量子論の導く新しい自然観を説明するために、相補性という新たな概念を用いる必要もあったといえます。いずれにしても、「ハイゼンベルクの不確定性原理」そのものは、ボーアであろうとアインシュタインであろうと、誰もが認める物理学上の事実なのです。

ただし、この原理がいったい何を意味しているのか、どのように解釈すればよいのかについては、いまだに論争が続いているような状況といえます。なにしろ、あまりにも不可思議な部分もありまして……。

相補主義者　私はなにも不可思議だとは思いませんが……。量子論は高度に完成された理論であり、多くの実験においても、ほとんどすべてが量子論の予測どおりに確認されています。そして、その解釈についても、いかに常識からかけ離れていようと、相補的解釈以上に優れたものはありません。

科学主義者　いえいえ、私は、実在を相補的に解釈することには反対です。そうなると、自然の究極的な本質が、あまりにも曖昧になってしまうので……。

司会者　その論争がどのようなものなのか、簡単にご説明いただきたいのですが……。

科学史家　それは難しいですね。というのは、相補的解釈を導いたボーア自身が、「量子論を理解していると思ったら理解していない証拠だ」と言っているくらいですから。

その後、量子論を理論展開した物理学者リチャード・ファインマンなどになると、「量子論を本当に理解している人など、一人もいない」とまで言い切っています。量子論の研究者は決して「なぜこうなっているのか」と考えてはならない、なぜなら、永遠に逃げ出せない袋小路に迷い込んでしまうからだというのが、ファインマンの残した言葉です。実に奇妙な主張ですから……。

会社員　専門家がご覧になっても、それほど奇妙なのですか？　おもしろそうですね。ぜひ教えてください。

実在の意味

科学史家　アインシュタインが、友人の物理学者アブラハム・パイスに向かって、「君は本当に、君が見ているときにしか月が存在しないと思っているのかね」と言った有名なエピソードがあります。これを例に考えてみましょう。

今、空を見上げると、ちょうど満月が輝いています。しかし、もしあなたが月を見ていなかったら、月はどこにあると思いますか？

会社員　なんですって？　私が見ていなくとも、月はそのまま空にあるに決まっているじゃないですか。私でなくとも、他の誰かが見ているかもしれないし、人工衛星が地上にデータを送っているかもしれないし、なんらかの月の形跡があるに違いありません。

科学史家　しかし、もし誰も月を見ていないとして、いかなる観測装置も月を観測していないとしましょう。つまり、何者も月を認識していないとします。そのとき、月はどこにあると思いますか？

会社員　月の存在は、見ている人がいようがいまいが、観測装置があろうがなかろうが、地球を周回する軌道上にあるでしょう。それが常識だと思いますが……。

科学史家　そうですね。アインシュタインも、そのように考えていました。ところが、量子論によれば、ミクロの物質は、誰も見ていない時、さまざまな場所に同時に存在しているのです。

もちろん、月はマクロの物質ですが、結局はミクロの物質が集まってできているわけですから、これに量子論の考え方を適用して、アインシュタインが皮肉を言ったわけです。アインシュタインは、そんなことはありえないと思っていたわけですから……。

哲学史家　ちょっとお待ちください！　それは、認識がなくとも外部世界は存在するのか、という問題ですな？

そのような素朴な実在論を真っ向から否定したのが、十八世紀の哲学者ジョージ・バークリーでした。彼は「存在するとは知覚されることである」と言って、認識がなければ存在はないとする「観念論」を主張したのです。ただし、誰も知覚していない木があっても、それも存在できる、なぜなら神が知覚しているからだと言い訳を述べていますが……。ともかく、お話を伺っていると、量子論とは、観念論の一種のようですな。

科学史家　たしかに相補的解釈は、アインシュタインの信じていたような意味での「客観的実在」を否定しています。つまり、いかなる観測者からも無関係に独立した客観的な存在というものを、量子論は否定しているのです。

ただし、従来からの観念論が主張するように、観測される対象すべてが観測者の知覚に依存すると量子論が述べているわけではありません。つまり、量子論は実在論と両立しないわけではないのですが、その実在の解釈が、常識からはかけ離れているわけです。

会社員　量子論のいうところの、ミクロの物質が、さまざまな場所に同時に存在しているというのは、どういうことなのですか？

科学史家　さまざまな場所に、一種の波として存在するとみなされています。量子論によれば、ミクロの物質は通常は「波」として存在し、それが観測される瞬間に「粒子」になると解釈されるのです。

会社員　その波というのがよくわからないんですが……。

科学史家　波は、海の波や音波などでもご存知だと思います。水面の波は、水の分子が数多く集まって振動しているものですね。あるいは、今このシンポジウムのホールには、私の声が響いていますが、この声というのも、実は私の咽喉《のど》の声帯が空気を振動させている結果であって、それが皆さんの耳の鼓膜に伝わっているわけです。空気の分子がなければ、音は存在しません。そして、その振動が、波形の音波となっているのです。

ミクロの世界で、原子核の周りにある電子も、やはり一種の波として存在すると考えられています。しかし、電子は、水や空気の多数の分子のような媒質の振動によって波になるのではなく、多数の電子が集まって波になるのでもなく、一個の電子そのものが波の性質を持つとみなされるのです。

会社員　すると、一個の電子が原子核の周りで波のように広がっているわけですか？

相補主義者　そうです。たしかに、常識では考えられないかもしれませんが、波が広がっている範囲全体に、一個の電子が同時に存在しているという状態なのです。これを我々は「共存」と呼んでいます。

水素の原子核の周りには一個の電子しか存在しませんが、この電子は、原子核の周囲の至る所に存在し、いわば周囲を満たしているとしか表現しようがないのです。

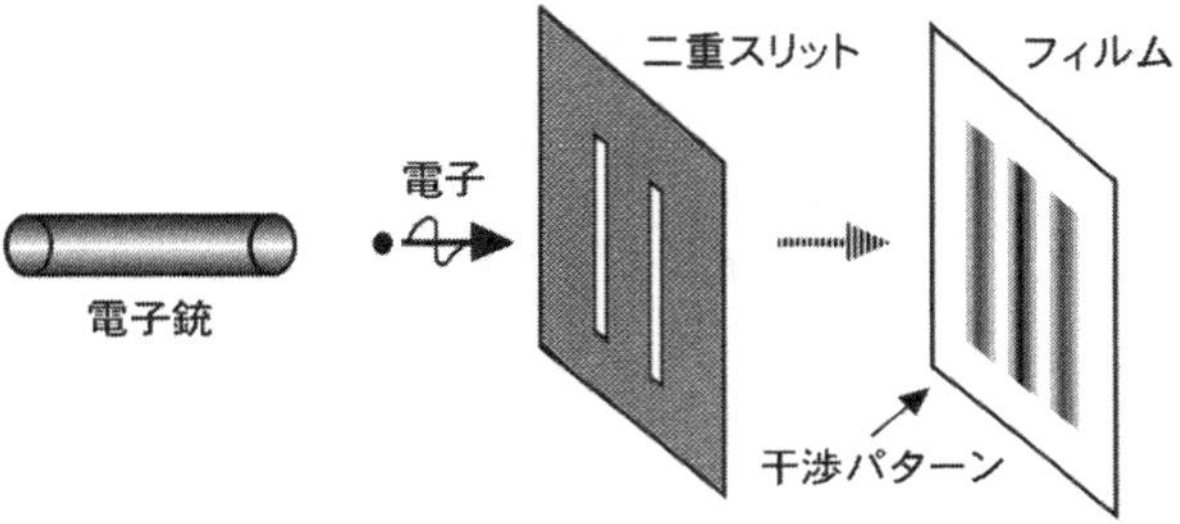

二重スリット実験

二重スリット実験

司会者　水素の原子核のまわりには、一個の電子がある……。ところが、その位置は、波のように不確定だということですか？

科学史家　というよりも、一個の電子そのものが波のように広がっているわけですから、その位置も不確定なのです。

ただし、その「不確定」という言葉の解釈が異なるわけです。アインシュタインは、月の位置と同じように、電子の位置も本来的には決定されているはずで、波のようにしか認識できないのは、量子論が実在を十分に説明できていないからだと考えたのです。

相補主義者　しかし、すでに申しましたように、そのような考え方は間違っています。水素原子の原子核の周囲は、まさに一個の電子で満たされているわけですが、その電子が本来的に波なのであって、その位置と運動量も、原理的に決定されていないのです。このことは、二重スリット実験でも明らかになっているじゃないですか！

司会者　それは、どのような実験なのですか？

相補主義者　図式的には、非常に簡単なものです。二つの細長いスリットの空いた板に向かって、電子銃から電子を打ち出し、板の先に設置したフィルムに記録します。

もし電子が単純な粒子であれば、二つのスリットの先の部分のフィルムにだけ電子の跡が残るはずでしょう？　ところが、実際には、波を打ち出したときにしか表れないはずの干渉パターンが記録されるのです。

司会者　それは電子銃から数多くの電子が放出されるので、電子がお互いに干渉し合って、水面の波のように干渉するのではないですか？

相補主義者　いえいえ、そうではありません。そのような可能性を排除するため、一九七四年、イタリアのボローニャ大学の物理学者ピエル・メルリを中心とする研究グループは、実験装置に改良を加えて、電子を一個ずつ、しかもゆっくりと時間間隔を開けて打ち出し、他の電子と干渉しないようにして、一個ごとにフィルムの感光を観測しました。

フィルムには、電子が感光させた点がポツリポツリと付いていきます。最初は、その点の分布はランダムに見えます。ところが、点の数が蓄積されていくにしたがって、誰もが驚愕します。というのは、それが徐々に秩序立った干渉パターンになっていくからです。

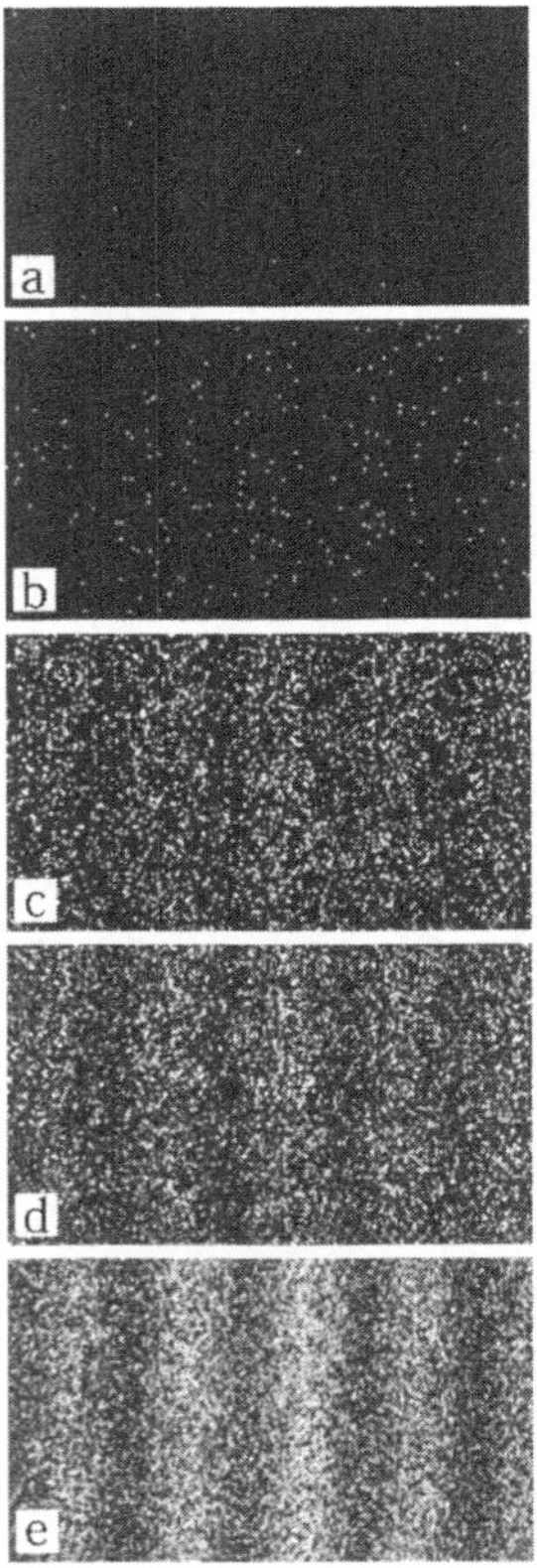

二重スリット実験結果：電子数
(a) 10, (b) 200, (c) 6000, (d) 40000, (e) 140000

科学史家　ボローニャ・グループの二重スリット実験は非常に有名で、映像になってインターネットにも配信されていますね。二〇〇二年に『フィジックス・ワールド』誌が世界中の科学者に最も美しい実験のアンケート調査を行ったのですが、そのベストにも選ばれています。そこで、ある女性天文学者の述べている言葉が印象的でしたね。

「途方もない衝撃です。……点の分布がまさに干渉パターンになっていることが、突然目に見えるようになったのです。絵画や彫刻の傑作が私たちの目を釘付けにするのと同じように、そのパターンは私の目を釘付けにしました。二重スリット実験を見るという経験は、生まれて初めて皆既日食を見る経験に似ています。身体中を原始的な感動が突き抜け、腕に鳥肌が立つのです。なんてことなの、こんなことが現実に起こるなんて！　そう思うと、知識の根底が大きく揺らぐのです」

ロマン主義者　ほほう、科学者にしては、なかなか詩人ですな……。

相補主義者　科学者だって同じ人間ですから、芸術家と同じように感動しますよ！　ただ、何に対して感動するのか、その対象が異なるだけで……。

会社員　どうも私は鈍感で申し訳ないのですが、どうして干渉パターンがそれほど衝撃的なのでしょうか？

科学史家　常識的には、起こりえない事実を目の当たりにしているからです。一個一個打ち出された電子が干渉縞を作るということは、一個の電子が、同時に二つのスリットを通ったとしか考えられないからです！

会社員　なんてことだ！　すると、電子は幽霊のように二つのスリットを通過しているということですか？

相補主義者　まさに、そのとおりです。電子は波の状態で二つのスリットを同時に通過し、自分自身に干渉して、フィルムに衝突します。ところが、その衝突の瞬間には、一個の粒子になっているのです。

科学史家　この現象を、電子は「片手で握手できる」と説明している人もいます。

こんな漫画をご覧になったことはありませんか？　雪の上を、スキーヤーの滑った二本の線がずっと続いています。ところが、その二本の線が、ある部分では一本の木を両側から挟んでいるのです！

会社員　あははは。つまり、滑った跡だけを見ると、スキーヤーがあたかも木を貫通したとしか思えないわけですね。もちろん、誰かの手の込んだ悪戯でしょうが……。

相補主義者　ところが、二重スリット実験は、悪戯ではありません。実際に一個の電子が、二つのスリットを波のように同時に通過しているのです。

さらに驚くべき実験も行われました。それは、世界各地で同じ時刻に同じ実験を行い、それぞれのフィルムに電子を一個だけ発射するというものです。その後、このフィルムを集めて重ね合わせます。すると、どうなると思いますか？

大学生A　まさか、それも干渉パターンになるのですか？

相補主義者　そのとおりです。これも干渉パターンになるのです！

大学生A　なんだか背筋が寒くなってきました。どうして世界中でバラバラに打ち出された電子が、一緒にしてみると干渉パターンを作るのでしょうか？

相補主義者　その唯一の答えは、電子が自分自身に干渉しているという解釈です。そこで、一個だけでは粒子の点なのに、多くの電子の当たった点の分布を重ね合わせると、干渉パターンが見えてくるわけです。

大学生A　電子がどちらのスリットを通過するのか、スリットを通過する時点で判定することはできないのでしょうか?

相補主義者　それは、すばらしいアイディアですね。実は、その実験も行われています。

二つのスリットの出口に光電管を仕掛けて、電子がどちらのスリットを通過するのかを確認しようとしたのです。すると、電子は一方のスリットを通過する時点で粒子として観測され、もう一方のスリットを通過したはずの波が消えてしまったのです。そして、フィルムからは、干渉パターンも消えてしまいました。

大学生A　本当に不思議ですね!

相補主義者　しかし、電子がどちらのスリットを通過するか確認するための観測行為そのものが、電子の波を「収縮」させると考えれば、それほど不思議なことでもありません。

逆にこのことからも、電子は通常は波の状態で存在し、観測された時点で収縮して粒子となるという相補的解釈が、実験的にも確認されたと言えます。

科学主義者　しかし、電子が自然のもっともっと深遠な法則にしたがっている可能性も残されています。私は、それを信じています……。

神はサイコロを振るか

司会者　つまり、ミクロの世界になると、すべてが曖昧になってしまうということですか？

相補主義者　いえいえ、すべてが曖昧だというわけではありません。ミクロの粒子の位置と運動量は、オーストリアの物理学者エルヴィン・シュレーディンガーが導いた波動方程式によって予測できます。これは、ちょうどマクロの物理学でニュートンの運動方程式の役割を果たす方程式で、ある時点での波動方程式が特定されれば、未来の任意の時点での結果を予測することができます。

ただし、ここで注意しなければならないのは、シュレーディンガーの波動方程式の解は、特定の結果が得られる確率として表現されるものであって、個別の粒子の動きを記述することはできないということです。

司会者　ニュートンの運動方程式とシュレーディンガーの波動方程式の違いは、どこにあるのでしょうか？

相補主義者　たとえば、ボールを投げるとします。投げる瞬間の方向と高さ、ボールの質量と速度、空気抵抗などが厳密にわかっていれば、どの地点にボールが落下するかもわかります。つまり、ボールの位置と運動量が正確にわかっていれば、ニュートンの運動方程式にしたがって、ボールは何度でもまったく同じ地点に落下するわけです。この意味で、マクロの物理学においては、一定の原因は一定の結果をもたらすわけで、決定論的な因果関係が観測されます。

ところが、ミクロの世界では、不確定性原理によって、電子の位置と運動量そのものが不確定です。したがって、同じ実験を繰り返しても、結果が同じになるわけではありません。たとえば、二重スリット実験を何度繰り返しても、そのたびに電子はフィルムの異なる場所に当たるわけで、同じ場所に当たるわけではありません。ただし、その確率分布を見ると、シュレーディンガーの波動方程式の予測どおりになっているということです。

司会者　確率的ということは、サイコロの結果のようなものだということですか？

科学主義者　そうです。アインシュタインは、自然の本質がそのような曖昧なはずがないと考えました。だから、「神はサイコロを振らない」と言って、量子論に反対したのです。

相補主義者　しかし、そもそもアインシュタインは、光の速度が不変だという自然界の事実を、率直に受け止めた人でしたよね？　彼は、当時の常識に反して、ニュートン物理学の絶対時間や絶対空間の概念をあっさりと放棄できたからこそ、相対性理論を完成できたのではなかったでしょうか？

それと同じように、私たちも、自然界の根底が曖昧であることを素直に受け止めるべきです。少なくともミクロの世界では、古典的な「機械論的決定論」や「因果法則」は放棄されなければなりません。

科学史家　ハイゼンベルクが不確定性原理を発見した一九二七年、有名なソルベー会議が開かれ、世界中の物理学者が集まって量子論について徹底した議論が行われました。

その際、アインシュタインの親友だった物理学者パウル・エーレンフェストは、「君は相対性理論に反対した君の敵対者がやったのとまさに同じように、新しい量子論に反対の議論をしているんじゃないか」とアインシュタインをたしなめたこともありました。それでもアインシュタインは、生涯彼の意見を変えませんでしたがね……。

科学主義者　アインシュタインは、必ずしも量子論そのものを否定していたわけではありません。彼自身、一九〇五年に光量子論を発表して、光も「光量子」と呼ばれる最小のエネルギー値をとる性質があると仮定して、量子論に貢献しているくらいですからね。ただし彼は、量子論では不十分だと信じていたのです。

一九三五年には、物理学者のボリス・ポドルスキー、ネーサン・ローゼンと共同で書いた『物理的実在の量子力学による記述は完全とみなせるか』という論文で、量子論では実在を完全に記述できないと主張し、そのための思考実験を発表しました。この実験は、著者三名の頭文字を取って、「EPRパラドックス」と呼ばれるようになりました。

司会者　それはどのようなパラドックスなのでしょうか?

科学主義者　EPRパラドックスは、もし量子論を認めると、光の速度を超えた情報交換が行われなければならず、「光速度不変の原理」に矛盾すると主張する思考実験です。

アインシュタインの「光速度不変の原理」は、単に光の速度が不変であるというだけではなく、あらゆる速度の限界を示しています。この宇宙のいかなる対象も光の速度を超えることはできず、いかなる情報も光の速度を超えては伝わらないということです。

さて、「共存」状態にある二つの電子が、同じ運動量で正反対の向きに飛んで行く実験を考えます。このとき、両方の電子は固有の「スピン」と呼ばれる自転軸を持ち、一方が右回りに観測されれば、他方は左回りに観測されます。ただし、これは観測された後の話であって、観測されるまでの電子は、どちらも右回りと左回りの共存状態だと解釈されます。つまり、電子が波の状態で二つのスリットを同時に通過するように、二つの電子は、原理的に両方のスピンを同時に持っている状態だと相補的に解釈されるわけです。

これらの二つの電子を、一つは地球上に置き、もう一つは、たとえば一光年離れた場所に持って行くとします。もう一度確認しますが、量子論によれば、なんらかの観測が生じるまで、それぞれの電子は波のように揺らいで絡み合っている状態で、スピンは決まっていません。観測した瞬間に、両方のスピンが決まるのです。ここで、地球上の電子のスピンを観測すると、右回りに観測されたとします。すると、一光年先の電子のスピンは、左回りでなければなりません。しかし、そうなるためには、地球上の電子のスピンが右回りで観測されたという情報が、一光年先の電子に伝わらなければならないはずです。ところが、これらの電子は互いに光の速度で一年かかる距離に離れているわけですから、パラドックスが生じているのではないか、ということになります。

相補主義者 アインシュタインのグループは、このような思考実験が現実に行われるとは思っていなかったのでしょう。ところが、実験装置の驚異的な進歩によって、一九八二年、フランスのパリ大学の物理学者アラン・アスペが実際にEPR実験を行うことに成功し、量子論の予測どおりの結果が出たことは、あなたもご存知でしょう。

この実験では、光子の偏光状態が観測されました。スピン状態は百億分の一秒ごとに変えられ、二つの光子は光の速度で伝わる距離の四倍に設定されていましたが、それでもアインシュタインの嫌った「幽霊のような遠隔操作」が実際に起こったのです。つまり、これらの光子は、光の速度で伝わる距離の四倍離れていたにもかかわらず、絡み合った共存状態にあったというのが、私たちの解釈です。その後、アスペの実験には多くの追試も行われましたが、ほとんどすべての実験で、量子論の予測が確認されています。

科学主義者　もちろん、アスペの実験のことは知っています。しかし、それをどのように解釈するかが問題なのです。もし多世界解釈を採れば……。

司会者　その多世界解釈とは、どのようなものなのでしょうか？

シュレーディンガーの猫

科学主義者　その話をする前に、いまだに解決されていない問題を考えてみてください。こちらは、アインシュタインとともに量子論に満足していなかったシュレーディンガーが考えた思考実験です。

閉鎖された鉄の箱の中に、猫が入っています。この箱の中には、毒ガス発生装置があって、放射性物質に繋がっています。そして、もし放射性物質が原子核崩壊を起こせば毒ガスが発生し、原子核崩壊が起こらなければ毒ガスは発生しない仕組みになっています。一時間後にこの原子核崩壊が起こる確率は、ちょうど五〇パーセントだとします。

さて、原子核崩壊が起こるか否かはミクロの世界の話で、当然量子論によって左右されます。つまり、二重スリット実験やEPR実験の場合と同じように、「放射性物質が原子核崩壊を起こした状態」と「放射性物質が原子核崩壊を起こしていない状態」が、同時に絡み合って共存している状態と解釈されます。

司会者　原子核崩壊が、「起きている」か「起きていない」かのどちらかとは言えないのですね？

科学主義者　言えないというのが、量子論の立場です。観測されるまで、原子核崩壊が起きているか起きていないかは、決定されていないことになります。

ところが、原子核崩壊はミクロの世界の話でしたが、シュレーディンガーの思考実験では、それがマクロの世界の生きた猫に直結している点が重要なのです。つまり、相補的に解釈すれば、箱の中にいる猫も「生きている状態」と「死んでいる状態」が同時に絡み合って共存している状態だということになります。

会社員　そんな……。生きていると同時に死んでいる状態とは、いったいどういうことでしょうか？

科学主義者　シュレーディンガーもそれはおかしいと考えました。逆に言うと、マクロの世界の猫は、生きているか死んでいるかのどちらかでなければならないのだから、原子核崩壊も、起きているか起きていないかが決定されているに違いないと彼は考えたのです。

司会者　それで、どうなるのでしょうか？

相補主義者　実際に一時間後、箱を開けて観測するとします。その行為によって、「原子核崩壊が起きて猫が死んでいる状態」か、「原子核崩壊が起きずに猫が生きている状態」のどちらかに決定するというのが、私たちの立場です。

科学主義者　しかし、なぜ一方の状態だけが観測されて、もう一方の状態は観測されないのですか？　その決定は、どのようにして起こるのでしょう？　自然界は、そのように適当で曖昧なサイコロを振っているのですか？　私には、とても納得できませんね！

相補主義者　たしかに、その点に議論の余地があることは、認めましょう。ミクロの世界で量子論が大きな成功を収めていることは事実ですが、それをどこまで拡張できるのか、つまり、ミクロとマクロの線引きをどうするのか、あるいは、量子論と相対性理論との矛盾をどのように解決するのかなど、重要な問題が未解決であることは認めます。

科学主義者　これらの問題に対する一つの可能性が、多世界解釈なのです。これは、一九五七年にプリンストン大学の物理学者ヒュー・エヴェレットが考え出したもので、量子論の発想を宇宙全体にまで拡張しようとする発想です。

量子論の解釈では、観測前に共存していた状態が、観測によって一方に収束し、もう一方は消えてしまいます。シュレーディンガーの猫を例に取ると、「原子核崩壊が起きて猫が死んでいる状態」を観測した瞬間に、「原子核崩壊が起きずに猫が生きている状態」は消えるわけです。

ところが、多世界解釈では、その観測の瞬間に世界そのものが分岐し、一方の世界では「原子核崩壊が起きて猫が死んでいる状態」が観測され、他方の世界では「原子核崩壊が起きずに猫が生きている状態」が観測されます。

司会者　それは、観測のたびに起こるわけですか？

科学主義者　そうです。ミクロの世界で原子核が崩壊し、それが観測されるたびに、世界が分岐していくと解釈されます。

司会者　しかし、それでは無数に世界が生まれることになりますね。

科学主義者　そのとおりです。しかし、多世界解釈を採れば、自然が観測のたびに一方的にサイコロを振るわけではないことになります。シュレーディンガーの猫が生きている世界と死んでいる世界は、どちらも並行して存在するわけですから、一方の観測に偏るのではなく、平等で民主的だということになります。

会社員　それにしても、あまりにも無駄な気がしますが……。宇宙は、そんなに無駄な世界を量産しているのでしょうか？

ロマン主義者　いやはや、おもしろいものだ。多世界解釈だって？　科学者の発想を聞いていると、サイエンス・フィクションよりも奇想天外じゃないかね？

哲学史家　それが科学なのですか？　むしろ、哲学のようにも思えますね……。

4　科学的認識の限界と可能性

司会者　科学者が、マクロやミクロの世界で、どのような限界に立ち向かっているのか、見えてきました。しかし、相補的解釈や多世界解釈のお話を伺っていると、たしかに科学というよりも一種のフィクションのようにも聞こえます。

ここでもう一度整理したいのですが、科学者が神秘性を排除して自然法則を求めるという姿勢については、よくわかりましたが、そもそも「科学的認識」とは、どのようなものなのでしょうか？

科学主義者　そうですね……。私が「科学的認識」の最大の特徴だと思うのは、一言でいうと、科学の時間的な「更新性」です。

一般に、科学者は、最新のデータに基づいて研究を進め、その結果として、最先端の科学理論も常に更新されています。これは、ちょうどソフトウエアが修正と改良を加えながら徐々にバージョン・アップしていくのと似ていて、科学理論も、日々刻々とバージョン・アップを遂げていると考えればわかりやすいでしょう。

会社員　つまり、マイクロソフトのウィンドウズが98から2000、XPからVISTAへと変化していくようにですか？

科学主義者　そのとおりです。その根底にあるオペレーティング・システムそのものに抜本的な変化があるわけではありませんが、さまざまな機能はバージョン・アップを繰り返しています。しかも最近のソフトウエアは、自動的に更新データをダウンロードしながら、毎日のように自己修正するようなプログラム構成になっています。

科学もこれと似ています。さきほどもお話ししたように、地球上の一般的な物理法則に対しては、ニュートンの物理学でほとんどすべてを説明することができます。しかし、運動する物体の速度が光の速度に近づいているような場合や、非常に強い重力場が問題になる宇宙論的な議論になれば、アインシュタインの一般相対性理論を用いなければなりません。つまり、アインシュタインの相対性理論は、ニュートンの物理学を包括し、さらに広範囲に説明能力のある科学理論のバージョン・アップとみなすことができます。

会社員　ということは、科学者は、常に最新情報を求めているということですね。

科学主義者　そうです。逆に言うと、過去の科学理論は、現代科学においては、意味をなさないことが多いのです。

仮にあなたが天文学に興味をお持ちだったら、なによりも、最も新しく出版されたテキストを選ぶべきでしょうね。たとえば、一九八〇年代に出版されたテキストを見ると、木星の衛星は、十七個と書かれています。ところが、一九九〇年代には宇宙望遠鏡などの観測データによって、これが一挙に三十九個に増えました。さらに、二〇〇一年以降の惑星探査機の観測などによっても新衛星が次々と発見され、最近のテキストでは六十三個に修正されています。このような修正は、今後も続くに違いありません。

科学史上の業績として振り返る場合は別として、天文学を学ぶために、古代のプトレマイオスの天動説やユークリッドの『原論』にさかのぼって研究を始める必要はないわけです。あくまで必要なのは、最新の観測データや科学理論に基づいて書かれたテキストだということです。

ロマン主義者　つまり、科学の世界では、新しいものほどよいというわけだ！　しかし、現在新しいものも次の瞬間には古くなり、いかなる人間も必ず年老いてゆく……。最新ばかりを追い求めるというのも、虚しい気がするがね……。

芸術の世界では、何かが時間的に「新しい」からといって、作品が高く評価されることはないのだ。考えてもみたまえ、雑音のような現代音楽がバッハよりも優れた音楽と言えるかね？　あるいは、最近のポスターのような絵がレオナルド・ダ・ヴィンチよりも優れた絵画だと言えるかね？

もっとも、だからといって、必ずしも古い作品であれば優れているというわけでもないが……。要するに、芸術作品の評価は、時間的に新しいか古いかなどといった些細な問題とは無関係なんだよ。なぜなら芸術は、それを受けとめる人々の精神によって評価されるからだ！　芸術は、時間を超えて我々の精神に生き続ける永遠の存在なのだ！

進化論的科学論

科学主義者　たしかに芸術の世界では、それぞれの時代の芸術家が自己満足で作品を創ればよいのかもしれませんが、科学の世界では、そうはいきません！

ロンドン大学の哲学者カール・ポパーの「進化論的科学論」によれば、環境に適応できない生物が自然淘汰されるのと同じように、「古い」科学理論も観測や実験データによって排除されていくのです。この意味で、今日の科学における諸概念も、時間の経過とともに必ず古くなっていきます。科学においては、常に最新バージョンが求められているわけですから、科学者は弱肉強食の世界にいるようなもので、実に厳しいのです。

ロマン主義者　芸術家だって、自分と向かい合って死に物狂いで作品を生み出しているじゃないか！　その厳しさといえば……。

司会者　そのお話はまた別の機会に伺うということで……。そうしますと、科学者の仕事は、科学理論のバージョン・アップにあると言ってもよいわけでしょうか？

科学主義者　ある意味では、そのように言えるでしょう。基本的に、科学者の仕事は、問題を解決するための仮説を立て、その仮説を批判的にテストすることによって誤りを排除し、その過程で生じる新たな問題に取り組むことです。ポパーは、この「批判的思考」の実践によって、科学が真理へ接近していくと考えました。

その結果として形成される「新しい」科学は、「古い」科学よりも多くの批判に耐えうるものであり、その意味で科学は「進化」しているとみなされるわけです。過去の科学理論は自然淘汰され、芸術作品のような意味で生き残ることはありません。ですから「科学」とは、完結した作品ではなく、むしろ進化の「経過」あるいは「方法」として認識されるべきかもしれません。

現代科学の背景には、過去の科学者による無数の失敗と自己修正の努力の軌跡があります。そして、その成果がいかに人類に多大な貢献をもたらしてきたか、考えてみてください……。科学こそが人類の達成した最大の成果なのです！

パラダイム論

科学社会学者　あなたの科学に対する情熱はよくわかるのですが、科学をそのように捉えること自体、正確とは言えませんね。

科学主義者　それはどういうことですか？

科学社会学者　科学には、もっと社会学的に考えなければならない側面があるということです。このことに最初に気付いて、「パラダイム」という概念を産み出したのが、マサチューセッツ工科大学の哲学者トーマス・クーンです。

クーンは、一九六二年の『科学革命の構造』において、「パラダイム」を「一定期間、科学者集団に対して、問題と解答のモデルを与える一般的に認知された科学的業績」と定義しています。もっと簡単に言うと、科学者集団が共有する「科学的認識」を総称して「パラダイム」と呼ぶということです。

司会者　それは、たとえば「天動説パラダイム」と「地動説パラダイム」のように、科学者集団が一定の科学的認識を共有するということですね？

科学社会学者　そうです。もう少し、具体的に考えてみましょう。

一般に、科学者になるためには、まず高等教育機関で特定分野の基礎概念を理解し、専門知識を身に付けることによって、既存のパラダイムを習得する必要があります。次に、研究者となった段階で、彼らは、与えられたパズルを解くように、既存のパラダイムにおける未解決問題を解いていきます。クーンは、この種のパズル解きの集積を「通常科学」と呼びます。

ところが、時間の経過とともに、「通常科学」の範囲内では解けないパズルや変則事例が増加することがあります。すると、科学者集団は、徐々に既存のパラダイムそのものに疑念を抱くようになるわけです。このようなパラダイムの「危機」は、根本的に新たなパラダイムの出現によってしか乗り越えられません。これが、クーンの主張する「パラダイム変換」すなわち「科学革命」なのです！

ロマン主義者　「科学革命」とは、哲学者にしては、なかなか勇ましい言葉じゃないか！

科学社会学者　勇ましいというか、科学特有の一面をうまく表現した命名だと思いますが……。ともかく、クーンは、過去の科学史を詳細に分析した結果、このような「通常科学」と「危機」と「科学革命」の循環によって成り立つ科学史観に到達したのです。

たとえば、天動説から地動説、あるいは、ニュートンの物理学からアインシュタインの相対性理論へ移行する「科学革命」は、単に集積する知識の変遷のような単純な図式では説明できません。クーンは、そこに、科学者集団の認識全般を変化させる根本的な変革を見ているわけです。
つまり、クーンによれば、科学は、ポパーの言うように「客観」的で、より優れた理論に進化するようなものではないのです。むしろ、科学とは、政治革命のように、科学者集団が「主観」的な科学的認識そのものを変遷させていく歴史なのです!

科学主義者　おっしゃることも理解できます。しかし、それでは科学の合理性をどのように説明するのでしょうか?

科学社会学者　クーンがパラダイム変換に与えた「科学革命」という用語は、もちろん、「政治革命」を意識したものです。そして、歴史的に過去の人類が世界各地で繰り返してきた革命のことを考えてみてください。そこには、必ずしも明確な「合理的」理由などなかったわけでして……。

フランス国粋主義者　何を言うんだ、そんなことはない! フランス革命の背景には、アンシャン・レジームの階級制度や経済制度の矛盾があった。だからこそ大衆は立ち上がって自由を求めるという「合理的」理由があったじゃないか!

フランス社会主義者　珍しく意見が一致しましたな。私もフランス革命は、マルクスの言うとおり、「歴史的必然」として起こった結果だと思います。

ロシア資本主義者　とんでもない! 革命に「合理的」理由などありませんよ。フランス革命後の恐怖政治を手本にしたレーニンからスターリン以降の共産党独裁政権と、その後のソビエト連邦崩壊を思い起こしてください。ロシアの一般民衆は、どれほど苦しめられてきたことか！　そもそも革命というものはですね……。

司会者　そのお話は、また別の機会にお願いします。ここでは科学革命に話を戻していただきたいのですが……。

科学社会学者　ただ、実際の革命の話も非常に参考になりますね。というのは、さまざまな国で生じた革命後の状況を考えてみると、大部分の革命家は、独裁制や恐怖政治によって、徹底した報道統制を布《し》いています。彼らは、一般民衆が新体制を受け入れるように、新体制が旧体制よりも優れているという宣伝活動を行うのが普通です。

　実は、科学革命後の科学者の行動も、その意味では共通しているのです。彼らは、旧パラダイムの抱えてきたさまざまな欠陥を挙げて、いかに新パラダイムではそれらをうまく説明できるか、学会や論文発表などを通して、いわば宣伝するわけです。したがって、科学者が新旧パラダイムを選択する過程において、実際に効果を上げるのは、「説得」や「宣伝」の技術にかかわる「プロパガンダ」活動だと考えられるのです。

　クーンは、科学革命において「合理的」な基準など存在しないと明言しています。要するに、科学理論の変革において決定的な意味をもつのは、「真理」や「客観」の概念ではなく、科学者集団における「信念」や「主観」に基づく「合意」だとみなされるのです。

司会者　しかし、そうなると科学的な「進歩」はどうなってしまうのでしょうか?

科学社会学者　科学的な「進歩」ですって? それこそが、まさに社会的に作り出されたプロパガンダですよ。

クーンは、新たな科学理論が古い科学理論よりも「真理」に接近するという哲学者ポパーの「進歩」概念を「幻想」だと呼んでいます。なぜなら、古い科学理論が新しい科学理論へ移行するのは、通常科学においては、それが、より多くのパズルを発見し解決するために便利な「道具」であると科学者集団が「合意」した場合にすぎないからです。したがって、クーンによれば、もはや「進歩」も不必要な概念だということになるのです。

司会者　なるほど。お話を伺っていると、私の考えていた「科学的認識」が大きく揺らいでくるような気がします。

科学社会学者　ここで重要なことは、クーンが、異なる二つのパラダイムを比較するための「客観的基準は存在しない」と述べている点です。つまり、異なる二つのパラダイムには概念の共通項がなく、比較することも、優劣を論じることもできないのです。これを我々は「共約不可能性」と呼んでいます。

たとえば、同じ「太陽」という用語が、天動説と地動説では、「地球を周回する星」あるいは「地球が周回する星」という、異なる「理論」でとらえられ、結果的に異なる「観察」を導くことになります。地動説では同じ金星が、天動説では「明けの明星」と「宵の明星」と二つの名称で呼ばれ、異なる対象として観測されたような事例もあります。

相補主義者　そのお話は、よく理解できます。ボーアは、「電子は粒子か、それとも波か」という問い自体、古典物理学の文脈では意味があるとしても、量子論においては意味をなさないと考えていました。というのは、「粒子」や「波」自体が古典物理学において定義された用語だからです。そのうえで、電子が「粒子」であると同時に「波」だという概念は、古典物理学では矛盾したパラドックスだということになります。

したがって、量子論では、電子は古典的な意味で「波のように振る舞う」こともあれば「粒子のように振る舞う」こともあるが、これらは実験装置によって相補的な関係だと認識します。その意味で、古典物理学のパラダイムと量子論のパラダイムは、まさに「共約不可能」だといえるかもしれません。

方法論的虚無主義

哲学史家　するとクーンは、科学における合理的な進歩を否定した意味で「非合理主義」

者であり、科学における「真理」を否定した点で「相対主義」者だと位置づけてよいわけですな。

科学社会学者　それは難しいですねぇ……。というのは、少なくともクーン自身、彼の科学観に「非合理主義」や「相対主義」といったレッテルが貼られることを拒否しているからです。クーンは、パラダイム内部の通常科学における「合理性」や、科学理論の問題解決の道具としての「普遍性」については認めているわけでして……。

方法論的虚無主義者　だから、クーンは「中途半端な日和見主義者」と呼ばれるんだよ！そもそも彼の「パラダイム」という用語にしても、明確に定義されていないじゃないか。ケンブリッジ大学の言語学者マーガレット・マスターマンが丹念に分析した結果、クーンは『科学革命の構造』において二十一種類もの異なる意味で「パラダイム」を用いているという論文もあるくらいだ。そのことだけでも「パラダイム」という概念自体がいかに曖昧か、よくわかるじゃないか。

それに、パラダイム変換の原因を「非合理性」に求め、普遍概念を科学者集団の信念に「相対化」させる以上、その発想を徹底して突き詰めていけば、非合理主義と相対主義に到達せざるをえないのではないかね？

大学生A　その「相対主義」とは、どのような考え方なのでしょうか？

哲学史家　一般に、普遍的あるいは客観的な真理を否定し、真理が相対的でしかありえないとみなす立場が「相対主義」です。この考え方によれば、真理は、個人の主観や時代背景や文化によって異なるため、唯一の真理は存在しません。むしろ、無理に唯一の真理のような概念を持ち出せば「権威主義」に陥らざるをえない、と警告する立場ともいえます。

最初に相対主義を主張したのは、古代ギリシャ時代の哲学者プロタゴラスです。彼の「人間は万物の尺度である」という言葉は、よく知られていますね。いかなる対象も「尺度」を通してしか認識されない、つまり各個人の主観によって相対的に知られるにすぎない、という見解です。

科学社会学者　たとえば、美に絶対的・普遍的な法則があるのか考えてみてください。Xを美しい、Xの美しさは普遍だと主張する人がいたら、ただちにそんなことはない、Yのほうが美しい、いやZだという意見が出るはずです。なかにはXもYもZも、すべて美しいという人もいるかもしれません。

しかし、それが普通なのです。要するに、美というものに絶対的基準などないわけですから……。桜とバラはどちらが美しいかと問われたら、やはりどちらもそれなりに美しいわけですし、それではバラとモーツアルトはどちらが美しいかと問われるように、そもそも共通の尺度さえ存在しない場合もあるでしょう。基本的に、美意識は、社会的・文化的要因に依存して決定されているわけです。

方法論的虚無主義者　その点は、君の言うとおりだ。そして、そのような相対主義を徹底して推し進めると、「いかなる信念も同じように真理」であることになるだろう？

カリフォルニア大学の哲学者パウル・ファイヤアーベントは、クーンが中途半端に留まっていた部分を徹底して突き詰めて、パラダイム変換ばかりでなく、あらゆる科学理論の選択の基準を「何でもかまわない」（Anything goes !）と主張したんだ！

何でもかまわない

司会者　その「何でもかまわない」というのは、どういうことですか？

方法論的虚無主義者　それは、あらゆる方法を許容する、という姿勢だよ。逆に言えば、唯一の方法などないと否定する姿勢だと言ってもいい。だからこそ、ファイヤアーベントは、自分の哲学を「方法論的虚無主義」と呼んでいるわけだ。

ファイヤアーベントによれば、クーンの科学モデルは、現実の「科学者集団」ばかりでなく、「組織犯罪集団」にもうまく適用できる。さらにだね、もっと突き詰めた結果、彼は「科学も宗教も共産主義も同じ構造」だとみなすようになり、あらゆる科学理論の選択の基準を「何でもかまわない」と主張するようになったわけだ。

ファイヤアーベントは、単に科学理論ばかりでなく、あらゆる知識について、優劣を論じるような合理的基準が存在しないことを見抜いた。つまりだね、神話・魔術・占星術との優劣も論じられないし、そこに無理に優劣を生じさせようとすれば、どこかで「権威主義」に陥らざるをえなくなるということだ。

会社員　いくらなんでも、それでは極端すぎませんか？　科学も宗教も共産主義も同じ構造ですって？　誰も、科学と神話・魔術・占星術が同列だなんて思わないでしょう？

科学主義者　そのとおり！　「何でもかまわない」など、とんでもないことです！

私は、科学が、普遍的な自然法則を追究することをお話ししました。たとえば、万有引力はいついかなる場所でも成立するからこそ万有引力の法則といわれる。ここでは成立するけれど、あっちでは成立しないとか、昨日は成立したが、今日は成立しないということでは法則とは言えない。地球においても宇宙においても成立するからこそ、それは普遍性をもつわけです。

科学は、このような自然法則の集大成ですが、完成品ではありません。これもさきほどお話ししましたように、バージョン・アップを繰り返しながら、さらに高度に進化していくものなのです。その意味で、科学は、「現時点」で最も「普遍的」で「客観的」で、「絶対的」な「真理」を表すものであるはずです。

科学社会学者　しかし、さきほどもお話ししたように、あなたのおっしゃる科学論には、歴史学的・社会学的見解が欠如しているんですよ。

第二次大戦後、いわゆる自文化中心主義に対する大きな反省から、文化相対主義が生まれました。この考え方によれば、いかなる文化も、それぞれが独自に環境に適応して歴史的に築き上げた成果であり、異なる文化を比較することも優劣を論じることもできないわけです。ここでいう「文化」をクーンの「パラダイム」と置き換えれば、少しわかりやすいかもしれません。

もう一度言いますが、科学史上におけるパラダイム変換において、合理的な基準は存在しません。科学が変遷していく過程において決定的な意味をもつのは、「真理」や「客観」などの概念ではなく、科学者集団における「信念」や「主観」に基づく「合意」なのです！　異なるパラダイム間には概念の共通項がないわけですから、比較することも優劣を論じることもできないのです。

方法論的虚無主義者　その相対主義を徹底させると、合理的基準など一切存在しないというファイヤアーベントの方法論的虚無主義が導かれる。これは、論理的に明らかじゃないかね？
　彼は、一九七五年に発表した『方法への挑戦』で、このような主張を初めて公表した。そのとたんに、科学者からも哲学者からも膨大な反論が浴びせられ、その後は学界から無視されるようになってしまった……。もっと評価されるべき哲学者なんだが……。

哲学史家　私も「科学に対する最大の敵」として、ファイヤアーベントの名前は聞いたことがあります。ただし、哲学史上に名前を残す人物としてというよりは、数多くの問題発言を行った人物と理解しておりますが……。
　たとえばファイヤアーベントは、キリスト教原理主義に基づく「創造説」が、ダーウィンの「進化論」とともに、アメリカの州立学校の授業で教育される権利を擁護していますね。さらに彼は、「極端なファシズム」でさえ社会的に糾弾されるべきではないとも主張しました。というのは、「ナチズムを糾弾することはあまりにも簡単だが、ナチズムを可能としたのは、まさしくそうした倫理的な独り善がりの確信」だから、というのがその理由でしたが……。

会社員　なんだか、ものすごい飛躍のように聞こえるんですが……。

論理学者　いえいえ、ファイヤアーベントの論法は、たしかにエキセントリックな極論に聞こえますが、必ずしも論理的に間違っているわけではありません。いくつかの方法がある時に、一つの方法がよりよいとは単純に言えないことを、彼は論証しているんです。たとえば、Xさんが科学的方法を使い、Yさんが非科学的な方法を使うとします。ここで、なぜ科学的な方法が非科学的な方法よりも「優れている」といえるのか、考えたことがありますか?

一般に私たちはYさんの非科学的な方法を非難しますね。再現性がないとか整合性がないとか、最もよく使われるのが、根拠がないじゃないか、という批判でしょう。ところが、ファイヤアーベントは、Xさんの科学的方法にも、同じような穴を見つけて批判を行うわけです。一例を挙げると、科学は帰納法に基づいているわけですが、実は帰納法には論理的な根拠がないという批判があります。

大学生A その「帰納法」とは何でしょうか?

論理学者 帰納法とは、一般に「個別」から「普遍」を導く方法ですね。近代科学の方法論を確立した経験主義者のベーコンは、なによりも多くの「個別」的事例を観察して、それらに共通する「普遍」的パターンを発見することによって、自然法則を抽出すべきだと考えました。この帰納法に対する暗黙の信頼が、現代科学の方法論にも引き継がれているわけです。

ところが、懐疑主義者のヒュームは、帰納法による推論は、仮に前提が真であっても必ずしも結論を導くとはかぎらないと考えました。なぜなら、そこには論理的な必然性がないからです。地球が四十億年以上にわたって太陽の周囲を公転してきた事実も、明日もそうにちがいないという必然性を導くものではない。科学は、すべてなんらかの意味で帰納法を用いて自然法則を発見し、驚異的な成功を収めてきたことも事実です。しかし、だからといって、帰納法を用いて帰納法を正当化することはできません。これまで帰納法が成立したからといって、これからも帰納法が成立する保証はないからです。

方法論的虚無主義者　そのとおりだ！　つまり、科学は暗黙の了解として帰納法を用いているが、この帰納法には根拠がないのだ。その意味では、フィクションと言ってもいい。

さきほど、量子論的解釈や多世界解釈の話だって、もはや科学というよりも一種のフィクションのようだと、君も認めていたじゃないか！

司会者　そうなると、科学も物語と同じだということですか？

方法論的虚無主義者　そうだよ！　まさに、そのとおり、科学も一種の物語なんだよ。

いいかね、科学は人類の導き出した一つの思考方法にすぎない。これを信じるのも信じないのも、君の自由なんだ。これこそが、思考の自由であり、信念の自由なんだよ。

現代社会においても、文字どおり旧約聖書の『創世記』の記述にしたがって、神が「光あれ」から世界を創造したと心の底から信仰している人々がいる。象を神の使いだと信じている人々もいれば、宗教上の理由から牛や豚の肉を食べない人々や、輸血を拒否する人人もいる。これらの人々を「非科学的」だからといって、切り捨てることができるかね？たとえば君が、牛肉や豚肉には、たんぱく質にビタミンB_1やB_2が豊富に含まれているという「科学的」根拠を挙げるのは自由だ。しかし、それを食べるか食べないかは、個人が「自由」に決定すべき問題なんだよ。

会社員　ということは、科学的認識を受け入れるか受け入れないかは、個人の自由だということですか？

方法論的虚無主義者　当然のことじゃないか！　特定の思想を受け入れるか拒否するかは、すべて個人の自由に委ねられるべき問題じゃないかね？

政治と宗教を分離しろと言うなら、政治と科学も分離しなければならないだろう。なぜならば、これはファイヤアーベントの言葉だが、「科学こそが、もっとも新しく、もっとも攻撃的で、もっとも教条的な宗教制度だから」だ。

科学主義者　科学が宗教制度ですって？　とんでもないことだ！

方法論的虚無主義者　少し落ち着いて考えてみたまえ。科学も政治も宗教も、結果的に人間集団の信念体系にすぎないという意味では、まったく同列なんだよ。

ファイヤアーベントは、どんな西洋人も足を踏み入れないし、行ったとしても数日で死んでしまうような環境で平気で生活を続けるコイサンマンのクン族の話をもち出して、現在の地球上でも多くの人びとは「科学なしで立派に生きて」いると述べている。つまり、科学は「人生の質」に関する問題を解決してこなかった。そこに問題があるんだ。

君は、たとえコイサンマンが幸せだとしても、彼らは無知じゃないか、と考えるだろう？　それに対して、ファイヤアーベントは、「知識のどこがいったいそんなに偉いんだい？」と問い返し、「コイサンマンはお互いに親切だ。彼らはお互いを打ちのめさない」と答えている……。

司会者　おっしゃることが、少し見えてきたような気がします。ファイヤアーベントは、「科学」と「人間」の在り方を根本的に問いかけているわけですね？

方法論的虚無主義者　そうだ。Xは知識があるが、不親切で人間的に冷たいとする。Yには知識はないが、親切で人間的に温かいとしよう。この場合、XとYを比較する絶対的基準があるかね？

「知識」という基準で見れば、たしかにXが優れているが、「親切」という基準に照らしてみると、Yの方が優れている。プロタゴラスの尺度の問題だよ。「知識」と「親切」という基準のどちらを重要視するかは、一義的には決められないだろう？

ところが、いわゆる先進社会は「無知よりも知」を求めて突き進んできた。「親切」などよりも「知識」が優先されるのは当然だという暗黙の了解がある。その結果として、原水爆やヒト・クローンの製造さえも可能になった。ファイヤアーベントは、その背景に脅威的な「権威主義」の存在をみているわけだ。

科学主義者　なるほどね。それでは、ファイヤアーベントは、そこまで科学の地位を引き下げたのですから、自分自身も科学に依存しない生活を送ったんでしょうね？　電気も車も電話も使わずに、コイサンマンのように暮らしたんでしょうね？

方法論的虚無主義者　いやいや、とんでもない。彼は一九九四年に脳腫瘍で亡くなったんだが、主治医の診断には「全幅の信頼」をおき、あらゆる先端医療を用いて脳腫瘍を治療しようとした。彼は、四度目の結婚で出会った妻を深く愛していたため、なんとしても生き延びたかったんだ。実に惜しまれる死だった……。

科学主義者　しかし、それでは一貫していないじゃないですか？　ファイヤアーベントは、徹底して「科学」を否定したわけでしょう？

論理学者　必ずしも、そうではありません。彼は、「自由」を追求したのです。もし我々が「思考の自由」や「信念の自由」を本気で認めるんだったら、科学よりも神話、科学よりも奇跡、あるいは、科学よりも非科学を信じてもよい……。いかに科学が人類に貢献しているからといって、それを妄信するような姿勢は、もはや宗教と同じだということを、彼は論理的に導いてみせたということです。

ファイヤアーベント自身、ウィーン大学で物理学を専攻し、ボーアのセミナーで学んだこともあるのです。彼の言葉を単純な科学否定と受け取るだけでは、彼の意図を十分汲み取っているとはいえないでしょう。

司会者　逆に言うと、私たちは「なぜ科学を選ぶべきなのか」という根本的な疑問に答えなければならないわけですね……。

さまざまな意味で、人間の科学的認識の限界と可能性が見えてきました。それでは、いったんこの話題は打ち切って、休息したいと思います。

一同　（拍手）

第三章　知識の限界

1　ぬきうちテストのパラドックス

司会者　それでは、第三のセッション「知識の限界」を始めさせていただきます。

　これまで第一のセッションでは社会科学、第二のセッションでは自然科学の限界について討論していただきましたが、この第三のセッションでは、それらの根底にある形式科学の限界について議論していただきたいと思います。

　人間理性はさまざまな成果を達成してきましたが、その中で最も信頼がおけるのは、論理学と数学のような形式科学における知識なのではないでしょうか？　これらの知識に対しては、真か偽かを明確に判定することができ、しかもそれを論理的に証明することができるのではないでしょうか？　もしそうであれば、これらの知識の限界はどこにあるのでしょうか？

大学生A　その論理学の話なのですが、実は、ぬきうちテストのことで、ずっとわからなくて悩んでいることがありまして……。

司会者　それはどのようなことですか？

大学生A　去年の夏、大学で、論理学の集中講義が行われました。担当教官は、アメリカからいらしたレイモンド・スマリヤン教授で、講義は、月曜日から金曜日まで五日間続けて毎日行われました。

論理学者　ああ、あの有名なスマリヤン教授ですか。私もよく知っていますよ。

　彼は自他ともに認める女性好きでね、小学校の頃から少女にキスして回っていたため、何度も校長室に呼び出されたそうです。

大学生A　ええ、きっとそうでしょうね。私も騙されて、頬にキスされてしまいました。

運動選手　なんですって！　それはどういうことですか？

大学生A　集中講義の最終日に懇親会があったのですが、そのときに先生が近づいてきて、「僕はね、君に触らずにキスすることができるんだ」とニコニコしておっしゃったんです。私は、「そんなこと、できるわけがないでしょう」と言いました。

運動選手　もちろん、そんなことできるわけがないじゃないですか！

大学生A　ところが、先生が「いいや、僕にはできる！　嘘だと思うなら、一ドル賭けてみるかね」と言われたので、私も「いいですよ、賭けましょう」と答えました。

　すると先生は、私の頬にキスして、「ああ、僕の負けだったね」と言って、一ドルくださったんです！

運動選手　なんてことだ！　騙すなんて、ひどい先生だ！

急進的フェミニスト　その行為は、明らかなセクシュアル・ハラスメントです。断固として、厳重に警告すべきです。その教授に対しても、大学当局に対しても！

会社員　あははは。でも、これは賭けですよね？　いちおうA子さんにとっては、教授と合意の上で賭けが成立し、教授は負けを認めて一ドル支払ったわけですから、セクハラとまでは言えないんじゃないかな……。

急進的フェミニスト　合意の上ですって？　それは、男性中心主義の大きな偏見です。そもそもセクシュアル・ハラスメントという言葉の意味はですね……。

司会者　お話の途中ですが、ぬきうちテストでわからなくなったということでしたね？

集中講義の疑問

大学生A　はい、そうです。私たちは、大学で集中講義の掲示板を見ていたんですが、そこには、次のような講義要項が貼り出されていました。

集中講義——論理学　スマリヤン教授　月曜日〜金曜日
講義要項1　いずれかの日にテストを行う。
講義要項2　どの日にテストを行うかは、当日にならなければわからない。

それで私が、「来週の論理学の集中講義には、ぬきうちテストがあるから、毎日勉強しなければならないね」と言うと、B子が、「そんな必要はないわよ。だって、ぬきうちテストなんて、できるはずがないんだから……」と言ったんです。

司会者　それはなぜですか？

大学生A　B子は、次のように言いました。もし木曜日の講義が終わった時点でテストが行われていなければ、「いずれかの日にテストを行う」という講義要項1により、金曜日にテストが行われることがわかります。ところが、これでは「どの日にテストを行うかは、当日にならなければわからない」という講義要項2に違反しますから、金曜日にはテストができないはずです。ですから、テストの可能性は、月曜日から木曜日の間に限定されます。

司会者　なるほど、金曜日には、ぬきうちテストはできないわけですね。

大学生A　ところが、B子は、木曜日にもテストはないはずだと言うのです。なぜなら、もし水曜日の講義が終わった時点でテストが行われていなければ、金曜日が不可能である以上、講義要項1により、木曜日に行われることがわかります。ところが、これも講義要項2に違反しますから、木曜日にもテストができないはずです。

司会者　すると、テストの可能性は、月曜日から水曜日の間に限定されますね……。

大学生A　ところが、B子は、同じ理由から、水曜日にもテストができないはずだと言うのです。というのは、火曜日の講義が終わった時点でテストが行われていなければ、水曜日に行われることがわかりますから。そのように考えていくと、火曜日にも月曜日にもテストはできないはずです。それで、B子は、ぬきうちテストなど行えるはずがないと言ったのです……。

司会者　非常におもしろい考え方ですね。それで、実際にはどうなったのですか？

大学生A　集中講義が始まりました。しかも、B子の予想したとおり、木曜日の講義が終わった時点でも、テストは行われていませんでした。

そして、金曜日になりました。ところが、クラスに入ってきたスマリヤン教授は、「それでは、今からテストを行う」と言ったのです！

ぬきうちテストはないと信じて、何も勉強していなかったB子は、慌てて抗議しました。「テストは不可能なはずです。なぜなら、昨日までテストがなかったから、テストは今日行われるに違いないとわかってしまいます。これは、先生の講義要項2に矛盾します！」。

するとスマリヤン教授は、すごく嬉しそうに笑って言いました。「しかしね、君は、テストが今日行われないと思っていたんだろう？ それならば、ぬきうちテストは成立しているじゃないか！」。

それで、私はわからなくなったんです。B子の考え方は、どこか間違っているのでしょうか？ あるいは、スマリヤン教授の講義要項が、なにかおかしいのでしょうか？

司会者　もしB子さんの考え方が正しければ、ぬきうちテストは不可能だったはずですね。しかし、B子さんは、その考え方を用いた結果、逆に金曜日のテストを予期できませんでした。ですから、スマリヤン教授の言うとおり、ぬきうちテストは成立したように見えますが……。

会社員　しかし、学生はB子さんだけじゃないでしょう？ 他の学生の中には、木曜日の講義が終わった時点でテストが行われなかったことから、金曜日にはテストがあるはずだと予期していた人もいたんじゃないかな……。すると、この学生に対しては、ぬきうちテストは成立していないことになりませんか？ つまり、スマリヤン教授の講義要項は、やはり矛盾しているのではないでしょうか？

論理学者　実は、A子さんの問題は「ぬきうちテストのパラドックス」と呼ばれ、一見すると簡単に解決できそうに見えますが、いまだに論理学界でも意見の一致が得られていないほど、多彩な問題を含んでいるのです。

最初にこの問題を提起したのは、一九四〇年代、ストックホルム大学の数学者レナルト・エクボンでした。彼は、第二次大戦中、スウェーデン国営放送局の「来週中に民間防衛訓練を行う。ただし、訓練日は、事前に予期できないものとする」というラジオ放送を聞いて、訓練日を本当に予期できないのかについて、学生と議論しました。

その結果、彼らは、まさにB子さんと同じように推論して、「いかなる曜日にも訓練を行えないはずだ」という結論に達しました。ところが、実際に訓練が行われた当日の朝になっても、誰一人としてそれを予期した者はいなかったのです！

エイプリル・フール

司会者　それでは、ぬきうちテストのパラドックスは解決できないのでしょうか？

論理学者　ぬきうちテストのパラドックスにも関係があるので、まずスマリヤン教授の実話のエピソードを紹介しましょう。
これは教授本人から聞いた話ですが、彼が最初に論理学に興味を抱いたのは、六歳の時のエイプリル・フールだったそうです。その日の朝、風邪で休んでいたレイモンドのベッドの側に、十歳年上の兄エミールが来て、次のように言いました。「レイモンド、今日は、エイプリル・フールだ。いくら嘘をついてもいいんだよ。だから、今までになかったくらい騙してあげるからね」。
レイモンドは一日中待っていましたが、エミールは一向にやってくる気配がありません。その夜、いつまでも起きているレイモンドに向かって、「どうして眠らないの？」と母親が尋ねたところ、「エミールが僕のことを騙してくれるのを待ってるから……」と彼は答えました。そこで母親は、すぐにエミールを呼んで、「お願いだから、早くレイモンドを騙してあげてちょうだい」と言ったそうです。

大学生A　あははは、なんだか可愛らしいですね。

論理学者　そこで兄弟は、次のような会話を交わしたそうです。
「君は、今までになかったくらい騙されるのを待っているんだよね？」「うん」「でも僕は、今日一日、レイモンドを騙さなかった」「うん」「でもレイモンドは、今までになかったくらい騙されると思ってた」「うん」「ほーら。ちゃんと騙してるだろう？　今までになかったくらいにね!」
電灯が消えた後も、レイモンドはベッドの中でずっと考えたそうです。もし自分が騙されなかったのであれば、自分の期待どおりにならなかったという意味で、自分は騙されたことになる。しかし、自分が騙されたのであれば、逆に自分の期待どおりになったという意味で、自分は騙されなかったことになる。結局、自分は騙されたのだろうか、それとも、騙されなかったのだろうか、とね……。

大学生A　そんな経験から、スマリヤン教授は、論理学者になられたのですか……。

オコンナーの語用論的パラドックス

論理学者　スマリヤン教授のエイプリル・フールのエピソードは、いわゆる「自己言及のパラドックス」の一種と考えられます。
自己言及のパラドックスの最も単純な形式は、「私は嘘つきである」という発言です。もしこの発言が真であれば、私は嘘をついていることになり、発言は偽になります。一方、もしこの発言が偽であれば、私は嘘つきでないことになり、発言は真になります。したがって、矛盾しますね。

ただし、エイプリル・フールのエミールの発言は、行為と重ね合わせられた結果、真偽のいずれにも解釈できるようになっている点に注意してください。このように、発言が行為と結びつくことによって生じるパラドックスを、とくに「語用論的パラドックス」と呼びます。

カント主義者　ちょっと待ちたまえ。発言と行為が結びつくというが、レイモンドは一日中待っていたにもかかわらず、エミールは何もしなかったのではないかね？

論理学者　ええ、たしかにそうです。ただ、ここで行為というのは、何もしない行為も含まれているとお考えください。

それに時間の問題ですが、これも必ずしも一日中でなくともパラドックスが生じるのです。たとえば、時間を限定して、エミールがレイモンドに、「エイプリル・フールの午前零時ちょうどに騙してあげる」と約束して、実際には何もしなかった状況を考えてみてください……。

会社員　その場合、レイモンドは、騙されるという期待を裏切られたことから、エミールは嘘つきだと言うでしょうね。ところが、エミールの方は、何もしなかったこと自体がレイモンドを騙しているのだから、自分は正直だと主張できますね。

論理学者　そのとおりです。ここで、エミールの「騙してあげる」という発言と、エミールが「何もしなかった」行為の両立によって、語用論的パラドックスが生じているわけです。

実は、ぬきうちテストのパラドックスに対する初期的な見解の多くも、これを語用論的パラドックスとみなすものでした。たとえば、エクボンの発見を最初に英語圏に紹介したエクスター大学の論理学者ドナルド・オコンナーは、スマリヤン教授が金曜日にテストを行うという「行為」が、「どの日にテストを行うのかは、当日にならなければわからない」という講義要項2に矛盾すると考えました。

つまり、オコンナーによれば、B子さんの推論は正しく、ぬきうちテストは不可能なのです。それにもかかわらず、教授が金曜日にテストを行い、それを「ぬきうちテスト」と解釈するために、語用論的パラドックスに陥ることになるというのが、彼の結論です。

司会者　つまり、ぬきうちテストのパラドックスは、語用論的パラドックスの一種なのですね？

大学生A　でも、不可能だったはずの「ぬきうちテスト」が、金曜日に成立したという点は、どのように説明されるのでしょうか？

論理学者　実は、その問題点が、依然として残るのです。つまり、B子さんの推論が正しくて、スマリヤン教授の行為が講義要項に矛盾するという考え方では、B子さんが推論を用いた結果として、金曜日のテストを予期できなかったという事実を説明できないのです。そのため、ぬきうちテストのパラドックスを語用論的パラドックスの一種とみなす解決案は、その後、あまり受け入れられなくなりました。

スクリブンの卵

論理学者　インディアナ大学の論理学者マイケル・スクリブンは、ぬきうちテストに含まれる「予期できない」という概念の循環論法によって、パラドックスが生じると考えました。彼は、論点を明確にするため、箱と卵を用いて、次のような単純なパラドックスを考案しました。

ここに、1から5までの番号の付いた箱があり、いずれかの箱に卵が入っているとします。そこで、スマリヤン教授に、「箱を、番号順に開けてほしい。その中に君は、『予期できない』卵を発見する」と言われたとしましょう。

カント主義者　その「予期できない」とはどういう意味かね？　その言葉が明確でないと、問題が生じるじゃないか！

論理学者　たしかにそれは、重要な点ですね。ここで「予期できない」というのは、「箱を開けるまで、どの箱に卵が入っているかを論理的に推論できない」という意味でお考えください。

さて、言われた相手は、次のように推論します。まず、箱5には卵が入っていない。なぜなら、もし箱4までがすべて空ならば、箱5に卵が入っていることがわかるからです。これでは、「予期できない」卵になりません。よって、卵が入っているのは、箱1から箱4の間になります。しかし、箱4にも卵は入っていません。なぜなら、もし箱3までがすべて空ならば、箱4に卵が入っていることがわかるからです。そこで、箱4も除外されます。以下、同じ理由から、いかなる箱にも卵は入っていない、という結論が導かれるわけです。

ここで、実際に箱を開けていくことにします。箱1は空でした。箱2も箱3も空だったとします。ところが、箱4を開けてみると、そこには「予期できない」卵が入っているではありませんか！　さて、ここまでの推論は、どこが間違っているのでしょうか？

司会者　それは、ぬきうちテストのB子さんの論法とまったく同じですね。箱4に卵が入っていたということは、木曜日にテストが行われた場合と同じですね？

論理学者　ぬきうちテストと対応させると、そうなりますね。ここでは、もっとわかりやすく、箱の数を二つだけに減らして考えてみましょう。このとき、次の二つの命題が与えられているとします。この場合は、どのように考えられますか？

命題1　箱1・箱2の順に開けなければならない。
命題2　箱1・箱2のどちらかに「予期できない」卵が入っている。

運動選手　もし箱1を開けて空だったら、箱2に卵が入っていることがわかりますよね。ですから、卵は箱1に入っているしかありません。

会社員　しかし、卵が箱1に入っていることが確実であれば、それは、もはや「予期できない」卵ではないでしょう？　ですから、「予期できない」卵は、どちらの箱にも入っていないのではないですか？

論理学者　それでは、もっと絞ってみましょう。この状況で、実際に箱1を開けたところ、卵が入っていなかったとします。このことから、卵は箱2に入っていると結論できるでしょうか？

スクリブンによれば、その答えは「ノー」なのです。なぜなら、卵が箱2に入っていることが確実であれば、それは、もはや「予期できない」卵ではないからです。ところが、そこで箱2を開けてみたら、そこには「予期できない」卵が入っていた！　ここで推論の振り出しに戻るわけです……。

司会者　要するに、最後の最後になっても、「予期できない」ということですか？

論理学者　そうですね。「予期できない」が「箱を開けるまで、どの箱に卵が入っているかを論理的に推論できない」という意味であれば、最後の一箱を目前にしてさえ、パラドックスは消滅しないわけです。スクリブンは、これが、パラドックスの核心だと考えています。

会社員　なるほど。言葉が空回りしているばかりで、結局は予期できないということですか。

クワインの分析

論理学者　ところが、ハーバード大学の論理学者ウィラード・クワインは、ぬきうちテストのパラドックスは、真のパラドックスではなく、一種の論理的誤謬《ごびゅう》あるいは擬似パラドックスにすぎないと述べています。

クワインによれば、誤謬は、B子さんの推論に含まれています。B子さんは、「金曜日にはテストがない。なぜなら……」という仮定から出発していますが、この出発点そのものが、誤りだというのです。

木曜日の講義が終わった時点でテストが行われていなかったにもかかわらず、B子さんは、実際に行われた金曜日のテストを予期できませんでした。その本当の理由は、テストを実施する日を「知る」のはスマリヤン教授だけであり、B子さんはそれを推論によって「知る」ことができないからだと、クワインは考えるわけです。

大学生A その考え方は、よくわかります。私たちは、最後の最後まで、テストが行われるのか行われないのか、知らなかったのですから……。

論理学者 そうでしょうね。たとえば、講義は翌日一回きりで、スマリヤン教授が、「明日、ぬきうちテストを行う」と宣言したとしましょう。ここで学生は、論理的な推論によって、明日テストが行われるか否かを事前に「知る」ことができるでしょうか？

クワインによれば、答えは「ノー」なのです。というのは、学生が事実を「知る」ことができるのは、「明日」しかないからです。

司会者 スクリブンは「予期できない」という概念に循環論法が含まれていると考えて、クワインは、学生の「知る」という概念に問題があると考えているわけですね？ その関係は、どのようになっているのでしょうか？

論理学者 それでは、クワインの分析を、スクリブンの二つの箱と卵の話に適用してみましょう。箱1を開けて、空だったとします。スクリブンによれば、ここで箱2の中身を「予期できない」と考えることから循環論法に陥るわけです。しかし、クワインによれば、この時点で「卵」と「私」の関係について、次の四つの可能性があります。

命題1　卵は箱2にあり、私は今それを知っている。
命題2　卵は箱2にあり、私は今それを知らない。
命題3　卵は箱2にはなく、私は今それを知っている。
命題4　卵は箱2にはなく、私は今それを知らない。

さて、事実上「私」は箱の中身を知らない以上、命題1と命題3は、成立しません。可能性があるのは、命題2と命題4だけであり、命題2が真である場合にかぎって、「私」は箱2に「予期できない」卵を見つけることになります。しかし、「私は今それを知らない」のですから、これ以上の論理的な推論のよりどころはないのです。それにもかかわらず、無理に推論を組み立てようとすると、擬似パラドックスに陥るというのが、クワインの考え方です。

大学生A　つまり、B子が講義要項を読んで考えたことは間違っていて、私たちは結局、いつテストが行われるかを知ることはないということでしょうか?

論理学者　クワインの分析では、そうなりますね。要するに、いくら講義要項を解釈して考えても、ぬきうちテストがいつ行われるのかを学生が「知る」ことはできないわけで、逆にスマリヤン教授が、どの日にテストを行ったとしても、結果的に、それを「ぬきうちテスト」と解釈することができるということです。

運動選手　それはそうなのかもしれないけれど、なんだか身も蓋もない感じだなあ……。

論理学者　ともかく、以上が、ぬきうちテストのパラドックスが公表された当初に提案された、三つの代表的な解決方法です。オコンナーによれば、教授の「行為」が語用論的パラドックスを引き起こし、スクリブンによれば、講義要項の「予期できない」という概念が循環論法を生じさせ、クワインによれば、「知る」ことができない学生の無理な推論に論理的誤謬が含まれることになります。

その後、確率論やゲーム理論などを用いたユニークな解決方法も提案されてきましたが、どれもパラドックスの最終的な解決とはみなされていません。ただし、最近になって、不完全性定理を応用した非常に洗練された解決方法が生み出されましたので、それをご紹介したいと思います。

2　ゲーデルの不完全性定理

司会者　今、不完全性定理とおっしゃいましたが、それこそが人間理性の限界を示す深遠な成果だと聞いています。まず、その定理について説明していただけますか？

論理学者　わかりました。ただし、ゲーデルの不完全性定理については、アロウの不可能性定理とハイゼンベルクの不確定性原理が、数理経済学や量子物理学を前提とするように、かなりの論理学と数学基礎論の予備知識がなければ、実際の定理そのものを理解することはできません。

そこで、まずそれがどのようなイメージなのかを理解していただこうと思います。私が最もわかりやすいと思うのは、スマリヤン教授の発明したパズルですから、それを用いてお話ししましょう。

大学生A　スマリヤン教授は、大学の授業でも、パズルやマジックを使って説明してくださいました。そんな話だったら、楽しみです！

ナイトとネイブのパズル

論理学者　それでは始めましょう。ある島に、二種類の住人が居住しているとします。「ナイト」（騎士）と呼ばれる人々は正直であり、彼らの発言はすべて真です。「ネイブ」（ならず者）と呼ばれる人々は嘘つきであり、彼らの発言はすべて嘘です。島のすべての住人は、ナイトかネイブのどちらかです。

さて、ここで島の住人Xと出会ったとしましょう。もし彼が「日曜日の翌日は月曜日である」と言えば、彼はナイトであり、「日曜日の翌日は火曜日である」と言えば、彼はネイブです。「2は偶数である」と言えばナイトであり、「2は奇数である」と言えばネイブです。要するに、Xが真実を語ればナイトであり、嘘をつけばネイブです。

それでは、Xが「私はナイトである」と言ったとします。Xはナイトでしょうか、それともネイブでしょうか？

運動選手　Xは、「私はナイトである」と正直に言っているわけですから、ナイトなのではないですか？

会社員　いやいや、それでは人がよすぎますよ……。たしかにXは、自分はナイトだと正直に言っているナイトかもしれないけれども、自分はナイトだと嘘を言っているネイブかもしれないじゃないですか！

論理学者　そのとおりです。Xが「私はナイトである」と言ったとしても、ナイトもネイブもそのように発言できるわけですから、この発言だけからXの正体を見破ることはできません。

それでは、Xが「私はネイブである」と言ったとします。Xはナイトでしょうか、それともネイブでしょうか？

大学生A　もしXがナイトであれば、自分をネイブだと偽ることはないはずですから、Xはナイトではないですね。もしXがネイブであれば、自分はネイブだと正直に言うこともないはずですから、Xはネイブでもないと……。あれれ、でもXは島の住人で、ナイトかネイブのどちらかしかいないはずでしたよね？

運動選手　そうですよ。ナイトとネイブの島の住人が「私はネイブである」と言うなんて変ですね。

カント主義者　たしかに、絶対に不可能だ！　君の出した問題は、矛盾しているじゃないか！

論理学者　それが正解です。皆さんがおっしゃるとおり、ナイトとネイブの島の住人が「私はネイブである」と言うことは絶対に不可能です。このパズルは、少しトリッキーだったかもしれませんね。私の出した問題自体が矛盾しているという答えも正解です。

実は、このパズルで理解していただきたかったのは、①ナイトの発言はすべて真であり、②ネイブの発言はすべて偽であり、③すべての住人はナイトかネイブのどちらかである、という三つの前提に基づいて構成された島のシステムで、住人が「私はネイブである」と発言すること自体が、システムに対する矛盾となる点なのです。いわばこれは、システムから「飛び出た」発言なのです！

島の内部では、いかなる真実もナイトが発言できるし、いかなる嘘もネイブが発言できます。それでは、人間社会と同じように、あらゆる発言が存在するはずだと思われるかもしれませんが、実際には、そうではないのです。ナイトとネイブの島には、「私はネイブである」という発言は、永遠に存在しないのです！

命題論理

大学生A　考えてみれば不思議ですね。ナイトとネイブの島には、あらゆる真実と、あらゆる嘘が存在するのに、「私はネイブである」という発言は存在しないなんて……。

運動選手　その意味でいえば、「私はナイトではない」という発言も、「私は嘘つきである」という発言も存在しませんよね。

論理学者　そうですね。それらに加えて、実は、ナイトとネイブは、日常会話の大部分も発言できません。たとえば、「あなたの名前は何ですか」や「なんて美しい花だろう」や「コーヒー頂戴」なども、すべて不可能な発言になります。

司会者　それはなぜですか？

論理学者　なぜなら、ナイトの発言はすべて真であり、ネイブの発言はすべて偽だという前提によります。そもそも、疑問文・感嘆文・命令文などの発言は、真でも偽でもありません。これらの文は、日常的なコミュニケーションを円滑にするために有益ですが、論理的には、「真」か「偽」の「真理値」を持たない語用とみなされます。ナイトとネイブは、「こんにちは」や「さようなら」の挨拶語でさえ発言できないわけです。

会社員　言葉の問題は別として、よく「真相は藪の中」などと言いますが、あらゆることに真か偽が定められるのでしょうか？　いったい、何を基準に真と偽を定めるのですか？

論理学者　私たちは、発言が事実と一致すれば真であり、事実と一致しなければ偽であるとみなしています。これは「真理の対応理論」と呼ばれ、論理学で一般に適用されている考え方です。

カント主義者　ちょっと待ちなさい。それでは「事実」とは何かね？　それに、「事実」

と「発言」の「対応」関係をどのように認識するのかね？

論理学者　そこに踏み込むと、非常に難しい問題になりますね。それらの疑問については、論理哲学や数学基礎論で研究されています。ただし、そこから先は哲学的議論となるので、とりあえず現時点では真理の対応理論を前提として話を進めさせてください。

真か偽を決定できる事実は、「命題」と呼ばれます。命題は、発言でも文でもなく「事実」そのものだと考えてください。たとえば、二十一世紀最初の元旦は月曜日である、という事実があります。この事実は、カレンダーを見れば、真であることを決定できるわけですから、「二十一世紀最初の元旦は月曜日である」という事実は、命題を表しています。

さて、この命題は、「二〇〇〇年十二月三十一日の翌日は、月曜日である」と言い換えてもよいし、「二〇〇〇年十二月三十日の翌々日は、月曜日である」のように言い換えることもできます。つまり、「二十一世紀最初の元旦は月曜日である」という一つの事実を表現する平叙文は、無数にあるわけです。さらに、この命題は、日本語以外にも英語でもフランス語でもドイツ語でも中国語でも、無数の言語で表現できます。

そこで、論理学では、同じ命題を表現する無数の平叙文や言語の煩雑さを避けるために、命題を記号化するわけです。たとえば、「二十一世紀最初の元旦は月曜日である」という事実を命題P、「二十一世紀最初の元旦は火曜日である」という反事実を命題Qと定めるとします。このとき、命題Pは「真」であり、命題Qは「偽」となります。

さらに、「PかつQ」や「PまたはQ」や「もしPならばQかつR」などの複数の命題の関係についても、一般的に議論することができるようになります。これらを研究するのが「命題論理」です。

ナイト・クラブとネイブ・クラブのパズル

大学生A 命題論理は、スマリヤン教授の授業でも扱いました。どんなに複雑な命題の組み合わせでも、「真理表」で明快に真か偽を証明できるので、すっきりして楽しかったです。

論理学者 そうですか。それでは、もう少し先に進みましょう。

ナイトとネイブの島に、会員制のクラブがあるとします。ナイトは、自分がナイトであることを立証して、いわば「お墨付きのナイト」になったら、ナイト・クラブ会員になれます。ネイブは、自分がネイブであることを立証したら、ネイブ・クラブ会員になれると考えてください。

それではパズルです。島の住人Xが「私はネイブ・クラブ会員である」と言ったとすると、Xの正体は何者でしょうか？

会社員　もしXがナイトであれば、自分をネイブ・クラブ会員だと偽ることはないはずですから、Xはナイトではないと……。一方、もしXがネイブ・クラブ会員であれば、自分をネイブ・クラブ会員だと正直に言うことはないから、Xはネイブ・クラブ会員でもないはずです。したがって、Xはネイブ・クラブ会員ではないネイブでしょう！

論理学者　すばらしい推論ですね。そのとおりです。

それでは、Xが、彼はナイトであるにもかかわらずナイト・クラブ会員ではないことを伝えようとしているとします。彼は、何と言えばよいのでしょうか？

大学生A　私にもわかりました。Xは、「私はナイト・クラブ会員ではない」と言えばよいはずです。

もしXがネイブであれば、自分はナイト・クラブ会員ではないと正直に言うことはないはずですから、Xはネイブではありません。そこで、Xの発言は真であり、それは彼がナイト・クラブ会員でないことを意味しています。したがって、彼はナイトですが、ナイト・クラブ会員ではありません。

論理学者　そのとおりです！　皆さんの理解力はすばらしいですね！

さて、私たち人間は、さまざまな学問を発展させてきましたが、その中でも最も厳密に真と偽を立証できる分野といえば、もちろん論理学と数学とみなされています。そこで、まず論理学の基礎に位置する「命題論理」についてお話ししましたが、次に数学の基礎に位置する「自然数論」に触れておきたいと思います。

ペアノの自然数論

会社員　「自然数」といえば、1、2、3、……と指で数えられる数のことでしたよね。

論理学者　そうです。その加法や乗法などの演算に関する理論が「自然数論」です。要するに、小数点や分数さえ用いる手前の「算数」のことだとお考えください。

一八八八年、イタリアの数学者ジョセッペ・ペアノは、自然数論の公理系を最初に厳密に示しました。

司会者　ちょっとお待ちください。その「公理系」とは、どのようなものなのでしょうか？

論理学者　紀元前三世紀頃、ユークリッドが幾何学を総合的に体系化したことはご存知でしょう。彼は、理性的な人間ならば、誰もが疑いなく受け入れる「自明の共通概念」を「公理」と呼び、それらの公理から出発して、純粋に論理的な推論だけを用いて、「定理」

と呼ばれる新たな命題を導くシステムを構築しました。このような体系を「公理系」と呼ぶわけです。

ペアノの自然数論は、記号で構成した人工言語において論理的に厳密に構成されているわけですが、それを日常言語で表現すると、次のようになります。

公理1　1は自然数である。
公理2　aが自然数であれば、aの後続数も自然数である。
公理3　aとbが異なる自然数であれば、aの後続数はbの後続数と等しくない。
公理4　1は、いかなる自然数の後続数でもない。
公理5　1がある性質を持ち、自然数aがその性質を持てばaの後続数もその性質を持つとき、すべての自然数はその性質を持つ。

ペアノの公理系は、「自然数」を「1」と「後続数」という二つの用語によって定義していることがおわかりでしょう。これらの用語は、公理系そのものからは何を意味するのか指示されていないため、「未定義用語」と呼ばれます。これらの未定義用語を、どのように解釈するかは、意味論上の問題になります。

会社員　さきほどのナイトとネイブのパズルでは、三つの前提から島のシステムが構築されましたが、「公理系」もそのようなシステムということですか?

論理学者　基本的なアイディアとしては、そのとおりです。そして、ペアノの自然数論のような厳密な公理系は、いくつかの「未定義用語」から論理的な推論だけに基づいて構成され、その後に「解釈」を与える形式になっているわけです。

たとえば、現代数学では、aの「後続数」を「a+1」と解釈するのが普通です。そこで見解が分かれるのは、「1」をどのように解釈するかという点ですね。「1」は人間の心が生み出した主観的概念に過ぎないのか、あるいは客観的な実在なのか? 数とは何か、数学的対象とは何かという意味で、哲学的議論が生じるわけです。

カント主義者　その点に関しては、カントの『純粋理性批判』に、実に緻密な議論があるじゃないか。まず時間と空間のカテゴリーがアプリオリに……。

司会者　それはまた別の機会にお話しいただくことにして、自然数論の話を続けてください。

論理学者　そのような哲学的な解釈論を別にすれば、ペアノの公理系によって、すべての自然数とその性質について、純粋に数学的な議論を行うことができます。

たとえば、公理1と公理2から、1, 1+1, 1+1+1, … と無限に続く自然数が存在することがわかります。ここで、1＋1＝2, 1＋1＋1＝3, …と定義すれば、十進法の自然数列1, 2, 3, …が生じますね。公理3と公理4からは、最初の自然数が1であることや、1≠2, 2≠3, 3≠4, …が導かれます。公理5は「数学的帰納法」を表していて、以上の公理から生み出された対象だけが自然数であり、それ以外は自然数でないことを保証しています。

会社員　なるほど。たった五つの公理だけから、あらゆる自然数を生み出すことができるわけですか。なかなか、おもしろいですね。

述語論理と完全性

論理学者　ペアノの自然数論を、さらに厳密に公理化したのが、ケンブリッジ大学の論理学者バートランド・ラッセルとハーバード大学の論理学者アルフレッド・ノース・ホワイトヘッドでした。一九一〇年、彼らは、それまでは暗黙の了解として用いられてきた「述語論理」を人工言語上に構成し、論理そのものから自然数論を導こうとしたわけです。

司会者　また難しくなってきましたね。その「述語論理」とは何なのでしょうか？

論理学者　命題論理では、「すべての花は美しい」のように、「すべて」で量化された文の真偽を決定できません。

たとえば、この文の否定を日常言語で考えると、「ある花は美しくない」（部分否定）と「すべての花は美しくない」（全部否定）のように、二つの意味の生じることがおわかりでしょう。このような問題を解決するために、ラッセルとホワイトヘッドは、命題の主語・述語に相当する部分にも踏み込み、量化された命題も厳密に記号で扱えるようにしました。これが「述語論理」で、要するに、命題論理よりも適用範囲の広い論理なのです。

彼らの述語論理においては、「すべてのxについて、xは性質Pを持つ」という命題や、「性質Pを持つxが、少なくとも一つ存在する」などの命題を厳密に記号で表現できます。その後、さまざまな改良が加えられ、一九二八年、ゲッティンゲン大学の数学者ダヴィット・ヒルベルトとウィルヘルム・アッケルマンは、最も完成度の高い述語論理の公理系を構成しました。

その翌年、ウィーン大学の大学院生だった二十三歳の論理学者クルト・ゲーデルが、述語論理の「完全性定理」を証明しました。この時点で、ゲーデルは、アリストテレス以来の論理学を完成させたのです！

司会者　ちょっとお待ちください！　ゲーデルが証明したのは「不完全性定理」でしょう？　「完全性定理」とはどういうことですか？

論理学者　そこがよく誤解される点なのですが、ゲーデルは「述語論理の完全性定理」と

「自然数論の不完全性定理」の両方を証明しているわけです。

「述語論理の完全性定理」は、述語論理のすべての妥当な推論規則が公理化されることを示しています。つまり、述語論理においては、すべての「真理」が公理系の「証明」と同等であることが証明されたわけです。

このことは、簡単に言えば、論理の世界では、「真理」と「証明」が同等だということです。論理的に真理であるということは、公理系で証明できるということと同じであり、その逆もまた成立するということです。

ところが、数学の世界では、「真理」と「証明」が同等ではないわけです。つまり、数学の世界には、公理系では「汲みつくせない」真理の存在することが明らかになったわけです。このことを証明しているのが、「自然数論の不完全性定理」なのです。

自然数論と不完全性

司会者　ということは、論理の世界よりも数学の世界のほうが広いということですか?

論理学者　広いか狭いかというイメージでいえば、数学のほうが遥かに広いというか、奥深い世界だということです。一言でいえば、論理はガッチリと公理系によって「汲みつくせる」のですが、数学はそのようにシステム化できないという意味で「汲みつくせない」ということです。

司会者 そのことは、どのようにして証明できるのでしょうか？

論理学者 それでは、さきほどのパズルを用いて、ゲーデルの証明のアイディアを紹介しましょう。まず、ナイト・クラブとネイブ・クラブのパズルに登場する島の住人の発言を、次のような命題と置き換えて考えてください。

> ナイトの発言＝真の命題
> ネイブの発言＝偽の命題
> ナイト・クラブ会員の発言＝証明可能な命題
> ネイブ・クラブ会員の発言＝反証可能な命題

また、島では、次の「モダス・ポネンス」（仮言三段論法肯定式）と呼ばれる推論形式だけを用いるものとします。この推論形式は、もし前提が真であれば、結論も必ず真になるという意味で、「妥当」と呼ばれます。

前提1　もしPならばQである。
前提2　Pである。
結　論　ゆえに、Qである。

さらに、島の住人は、自然数論について、一個の命題しか発言しないことにします。たとえば、島の住人P_1は「もしXが2の倍数であれば、Xは偶数である」、P_2は「4は2の倍数である」、P_3は「4は偶数である」、P_4は「4は偶数ではない」と発言するとしましょう。このとき、P_1とP_2とP_3がナイトであり、P_4がネイブであることは、明らかでしょう。

以下、これらの例を用いて、いくつかの言葉を定義します。

すでに証明された命題から、推論によって論理的に導くことのできる命題を、「証明可能な命題」と呼びます。たとえば、P_1とP_2は、すでに証明されたナイト・クラブ会員の発言だとします。命題P_3は、命題P_1とP_2にモダス・ポネンスを用いて導くことができるので、証明可能な命題です。これは、ナイトP_3が、ナイト・クラブ会員P_1とP_2の推薦によって、ナイト・クラブ会員になるというイメージで考えてください。そこで、ナイト・クラブ会員の行列は、実は証明の行列に相当することになります。

一方、証明可能な命題を否定する命題が、「反証可能な命題」です。すでにナイト・クラブ会員となったP_3の発言を否定するのが、命題P_4ですね。したがって、P_4は、反証可能な命題です。これは、P_3と並んだ瞬間に、P_4がネイブ・クラブ会員に変身すると考えればよいでしょう。

会社員　だんだん見えてきました。すべての「真理」を「証明」するシステムは、すべての「ナイト」を「ナイト・クラブ会員」に変身させるシステムに相当するわけですね。

カント主義者　そんなことは、簡単にできることじゃないか！　ナイト・クラブ会員が全員集まって、島のすべての住人を探し出して推薦してしまえば、ナイトを残らずナイト・クラブ会員にできるだろう。それに、ナイトと逆の発言をするネイブは、即座にネイブ・クラブ会員に変身するわけだから、最終的には、島のすべての住人は、ナイト・クラブ会員か、ネイブ・クラブ会員になるはずだ！

つまりだね、すべてが真と偽に分けられ、すべてが証明可能と反証可能に分かれるわけだ。そもそもカントは、あらゆる命題をアプリオリとアポステリオリ、あるいは分析命題と総合命題に分割したが、それと似たようなことじゃないかね？

不完全性のイメージ

論理学者　たしかに、二十世紀初頭の数学者や哲学者の大多数も、そのように考えていました。とくに数学の世界では、あらゆる命題は真か偽のどちらかであり、それは証明されるか反証されるかのどちらかに違いないと……。それを覆したのが、ゲーデルだったのです。その理由を、次に示しましょう。

一般に、システムSのすべての証明可能な命題が真であり、すべての反証可能な命題が真ではないとき、Sを「正常」と呼びます。ナイト・クラブ会員がナイトに含まれ、ネイブ・クラブ会員とナイトが互いに交わらないことから、島のシステムは正常ですね。正常なシステムでは、偽の命題が証明されたり、真の命題が反証されることがないわけです。

また、証明可能であると同時に反証可能である命題がSに存在しないとき、Sを「無矛盾」と呼び、それ以外のときSを「矛盾」と呼びます。ナイト・クラブ会員とネイブ・クラブ会員が互いに交わらないことから、島のシステムは無矛盾です。

無矛盾性は、証明可能性のみによって定義され、真理性には直接関与しないことに注意してください。このことは、無矛盾性がナイト・クラブ会員とネイブ・クラブ会員のみによって定義されたことからも明らかです。とくに、Sが正常であれば、Sは自動的に無矛盾となります。

さらに、システムSの命題Xが証明可能か反証可能のどちらかであるとき、XをSで「決定可能な命題」と呼び、それ以外のとき、XをSで「決定不可能な命題」と呼びます。つまり、島の住人Xが、ナイト・クラブ会員かネイブ・クラブ会員のどちらかに決定できれば、Xは島のシステムで決定可能だということです。

システムSのすべての命題が決定可能であるとき、Sを「完全」と呼び、それ以外のときSを「不完全」と呼びます。島の住人全員が、ナイト・クラブ会員かネイブ・クラブ会員であれば、島のシステムは完全です。逆に、島にどちらかのクラブ会員でない住人がいれば、島のシステムは不完全です。

会社員　定義ばかりで頭が混乱してきましたが……。どうにか見えてきた気がします。

論理学者　それでは、ここで不完全性定理の結論を述べましょう。一般に、システムSが正常であるとき、真であるにもかかわらず、Sでは証明可能でない命題が存在します。この決定不可能命題を、「ゲーデル命題」と呼びます。

実は、さきほどのパズルに出てきた「私はナイト・クラブ会員ではない」が、ゲーデル命題の一例なのです。この命題は、実は「私はSで証明可能ではない」という命題を表しています。

ゲーデル命題Gは真であり、システムSが正常であることから、Sで反証可能でもありません。したがって、GはSで決定不可能です。ここから、「システムSが正常であるとき、Sは不完全である」という「第一不完全性定理」が導かれます。

さらに、島のシステムで、「ナイト・クラブ会員であると同時にネイブ・クラブ会員である者はいない」という命題も、実は、ゲーデル命題の一例なのです。この命題は、実は「Sは無矛盾である」という命題を表しています。ここから、「システムSが正常であるとき、Sは自己の無矛盾性を証明できない」という「第二不完全性定理」が導かれます。

真理と証明

司会者　システムに穴のようなものがあるということですね？　そこまではわかったのですが、その定理が、どのような意味で深遠なのか理解できないのですが……。

論理学者　要するに、いかに難解であっても、数学の問題には、必ず真か偽の解が存在するに違いないと思われるでしょう？　したがって、数学的真理は、現時点では解が見つかっていないとしても、いつかは必ず証明されるように思われるでしょう？

ところが、実は、そうではないのです。さきほどもお話ししたように、ゲーデルの不完全性定理は、数学の世界においては「真理」と「証明」が完全には一致しないことを明確にしたのです。しかも、ゲーデルは、ただ完全に一致しないという結論だけを示したわけではありません。彼は、一般の数学システムSに対して、真であるにもかかわらず、そのシステムでは証明できないゲーデル命題Gを、Sの内部に構成する方法を示したのです。つまり、ゲーデル命題Gは、真であることはわかっているのに、数学システムSではとらえきれないわけです。

会社員　ちょっと待ってください！　ゲーデル命題Gは真だとわかっているわけでしょう？　それでは、SにGを加えたシステムを作ればよいのではないでしょうか？

論理学者　なかなか鋭い提案ですね！　しかし、その新しい数学システムS＋Gの内部には、さらに別の証明不可能な命題G′を構成できるのです。そこでS＋G＋G′を作っても、その内部にはG″を構成できます……。

これをいくら繰り返して新たな数学システムを作っても、ゲーデルの方法を用いて、そのシステム内部でとらえきれない命題を構成できます。したがって、すべての数学的な「真理」を「証明」するシステムは、永遠に存在しないのです！

数学史家　ゲーデルの証明を知った数学界の大御所ヒルベルトは、激怒したと伝えられています。当時の数学者は、すべての数学的真理の証明を目的とする「ヒルベルト・プログラム」の構築に、大きな期待を寄せていましたからね……。

論理実証主義者　数学者ばかりではありません。我々のような哲学者も、述語論理の完全性の次には、自然数論の完全性、ひいては全数学の完全性が証明されるだろうとばかり思っていました。そこから出発して、あらゆる科学的認識を明確にすることが我々の夢でしたから……。

会社員　そのような夢を、ゲーデルが打ち砕いたわけですか！

論理学者　そうですね。ゲーデルが不完全性定理を発表した当時の数学界は、たとえば、完全な司法システムを実現化しようとして、すべての法律関係者が協力体制にある状況に近かったといえます。したがって、当時の数学者にとっては、不完全性定理が「完全犯罪」の証明のように見えたかもしれませんね。

実際に、ゲーデルの方法は、真犯人だとわかっていながら、いかなる司法システムSも立証できない犯罪Gを生み出したイメージに近いのです。司法システムは、当然その犯罪Gに対処する新たな法を組み込んで、新しい司法システムにバージョン・アップするでしょう。ところが、その新システムの内部に、そのシステムでは立証できない新たな犯罪を構成できるわけです。

これをいくら繰り返して新たな司法システムを作っても、ゲーデルの方法を用いて、そのシステム内部でとらえきれない犯罪を構成できるのです。したがって、すべての犯罪を立証する司法システムは、永遠に存在しないということになるわけです。ゲーデルの証明は、そのようなイメージを数学のシステムに生じさせたのです。

3　認知論理システム

会社員　ゲーデルの証明のイメージが、少し見えてきた気がします。ただ、まだ理解できていない部分があるので、もう一度、ナイトとネイブのパズルで整理させてください。

ナイト・クラブ会員は、会員を増やしたいわけですよね？　そこで、彼らは、島中のナイトに接近します。仮に「8は偶数である」と言うナイトを見つけたら、「もしXが2の倍数ならば、Xは偶数である」と言うナイト・クラブ会員と、「8は2の倍数である」と言うナイト・クラブ会員が飛んで来て、即座に彼を推薦すればいい。すると、島の掟モダス・ポネンスによって、そのナイトはナイト・クラブ会員になります。このようにして、彼らは、ナイト・クラブ会員を増やしていく、というイメージですね？

論理学者　まったく、そのとおりです。

会社員　ところが、ある日、彼らは、「私はナイト・クラブ会員ではない」と言う島の住人Gを発見します。この発言は、ネイブには不可能なので、Gはナイトに違いありません。よって、Gの発言は真です。ところが、Gは、自分はナイト・クラブ会員ではないと言っているわけですから、推薦のしようがないわけです。これがゲーデル命題ですよね？

論理学者　そのとおりです。万一、Gをナイト・クラブ会員にしたとしても、Gは、会員であると同時に会員でないことになり、矛盾します。この場合、島のシステム全体が矛盾することになるわけです。したがって、Gがナイトであることはわかっているにもかかわらず、ナイト・クラブには入会させず、放っておくしかないのです。おっしゃるとおり、Gは、島のシステムで決定不可能なゲーデル命題なのです。

会社員　そこまでは、私にもイメージが浮かびます。しかし、私が理解できないのは、Gの発言が、自然数論の発言ではないことなのです。島の住人は、数学の自然数論のアナロジーでしたよね？　そうなると、彼らは「8は偶数である」とか「8は2の倍数である」など、自然数論についてしか発言しないはずです。なぜGだけが、「私はナイト・クラブ会員ではない」などと発言できるのでしょうか？

ゲーデル数化

論理学者　すばらしい質問です！　そこがゲーデルの証明で最も独創的な部分なのです！

実は、ゲーデルは、「私はナイト・クラブ会員ではない」という「論理的命題」を、「8は偶数である」とか「8は2の倍数である」などの自然数論の「数学的命題」と、同じレベルで扱う方法を発見したのです。

正確に言うと、ゲーデルは、「私はSで証明可能ではない」という決定不可能命題（第一不完全性定理）と「Sは無矛盾である」という決定不可能命題（第二不完全性定理）を、自然数論システムSの内部で構成する方法を導いたのです。この方法は、「ゲーデル数化」と呼ばれています。

一般に、自然数論における論理式あるいは数式X_1，X_2……X_nに対して、その各々に2、3、5……と続くn個の素数を列の各数値で累乗した積$2^{X_1}\cdot 3^{X_2}\cdot 5^{X_3}$……を対応させることができるのですが、このようにして得られた数値の素因数分解は一意的に定まるわけでして……。

司会者　ちょっとお待ちください！　もう少しわかりやすく「ゲーデル数化」について説明していただけますか？

論理学者　それでは、イメージで説明しましょう。ゲーデル数化のイメージは、現代のコンパクト・ディスクを思い浮かべるとわかりやすいと思います。というのは、CDには、プログラムはもちろん、文書も音声も画像も映像も、あらゆる形式の情報を保存できますが、実際には、これらの情報は、すべて二進法数値の「1・0」にデジタル化され、それらが電磁気の「＋・－」と一対一対応して、物理的にディスクに書き込まれています。これらの情報を再生する場合には、保存と逆手順で元に戻しているわけです。

アイディアとしては、これと似たテクニカルな方法によって、ゲーデル数化は、自然数論内部のすべての命題を、素数の性質を用いた一定の規則にしたがって、それぞれ固有の自然数に数値化します。そして、その自然数は、もちろん自然数論に含まれるわけですから、自然数論内部に決定不可能な命題Gを構成できるわけです。

さらに、ゲーデルは、命題Gが真であるときにかぎって、単一の解を持つ多項方程式Dを自然数論内部に構成する方法を示しました。これによって、Dは真であるにもかかわらず、自然数論内部では証明できない「数学的命題」であることが明確になったわけです。

運動選手　さきほどから何度か「素数」の話が出ていますが、これは何でしたっけ？

大学生A　たしか「素数」とは、1とそれ自身の他に約数を持たない自然数のことですよね。ただし、1は素数とはみなさない、ということだったと思います。

論理学者　そうです。ゲーデルが不完全性定理を証明した「自然数論」とは、指で数えられる自然数上に、奇数や偶数や素数などを定義した数学の最も基礎に位置する「算数」のことです。それならば小学生でも知っていると思われるかもしれませんが、実は、驚異的に豊富な内容を含む宇宙なのです！

たとえば、十八世紀の数学者クリスティン・ゴールドバッハは、「4以上の偶数は、素数の和である」という自然数論の命題を予想しました。これは「ゴールドバッハの予想」と呼ばれ、4=2+2, 6=3+3, 8=3+5……と順に確認され、現在では、コンピュータ計算によって、数十億桁の偶数まで成立することがわかっています。ところが、きわめて単純に見えるにもかかわらず、ゴールドバッハの予想は、いまだに証明も反証もされていないのです。

さらに、古代ギリシャ時代から知られている問題にもかかわらず、いまだに「奇数の完全数が存在するか否か」さえ、誰も知りません。

司会者　その「完全数」とは何なのでしょうか？

論理学者　自然数が、その数を除く約数の和で表されるとき「完全数」と呼ばれます。たとえば、6=1+2+3であることから、6は完全数ですね。28=1+2+4+7+14なので、28も完全数です。実は、これまでに四十四個の完全数が発見されているのですが、それらはすべて偶数なのです。不思議なことに、奇数の完全数は、発見されていないうえ、そもそも完全数が有限個しかないのか無限に存在するのかも不明です。

会社員　なるほど。自然数論にも、そのような未解決問題があるわけですか。しかし、それらの問題も、いつかは必ず証明されるか、反例が見つかって反証されるかのどちらかでしょう？

論理学者　まさにヒルベルトをはじめとする数学者も、皆そのように信じていました。それを覆したのがゲーデルの不完全性定理だとお話ししてきたばかりでしょう？　つまり、自然数論のシステムの中には、証明も反証もできない決定不可能な命題が存在するわけです。もしかすると、素数や完全数の議論の中にも、現在の自然数論の公理系では捉えきれない決定不可能性が潜んでいるのかもしれません。

認知論理

大学生A　自然数論と不完全性定理の奥深さが、少しですが見えてきた気がします……。それで、そのお話と、ぬきうちテストのパラドックスは、どのような関係があるのでしょうか？

論理学者　そうでしたね。さきほどもお話ししましたが、ぬきうちテストのパラドックスに対する解決方法は、教授の行為や講義要項や学生の推論を分析することによって、パラドックスの原因を探ろうとするものでした。しかし、近年になって、スマリヤン教授は、より洗練された解決方法を提起したのです。

彼は、まず標準的な認知論理システムを公理化して、その公理系内に不完全性定理に基づく決定不可能命題を構成し、さらに、その決定不可能命題を日常言語で解釈すると、ぬきうちテストのパラドックスと同等になることを示したのです！

司会者　ちょっとお待ちください！　また急に難しくなってきたのですが……。

論理学者　それでは、スマリヤン教授の考え方を、簡単に説明しましょう。

まず、命題論理と述語論理についてはご説明しましたが、「認知論理」とは、古典的な命題論理と述語論理に一個の未定義論理記号を加えるだけで、「知る」・「信じる」・「意識する」などの認知に関わる文の解釈を可能にするように公理化された体系なのです。

スマリヤン教授が用いる認知論理体系は「K_4」と呼ばれるシステムで、古典論理に次のような公理と推論規則が加えられています。

公理1　AならばBであることを信じ、Aを信じるならば、Bを信じる。
公理2　Aを信じるならば、Aを信じること自体を信じる。
推論規則　「Aである」ことから「Aを信じる」ことを推論する。

公理1は、「信念」が古典論理に登場するモダス・ポネンスにしたがうことを表し、公理2は、「自意識」を表しています。もしAを知るならば、Aを知ること自体を知るとも解釈できますね。推論規則は、与えられたAが真であれば、Aを知るとも解釈できます。ここで重要なことは、これらの公理と推論規則に基づくシステムを、論理的に厳密に公理体系化できる点です。

さて、この認知論理システムにしたがい、自分は無矛盾だと信じる学生Xが、スマリヤン教授を訪ねたとします。そこでスマリヤン教授RがXに「君は私が嘘つきだと信じる」と言ったとすると、Xは、自分が無矛盾であることを信じることができなくなるのです！

このことを証明してみましょう。

まず、Xは、Rが正直だと仮定します。よって、Rの発言「君は私が嘘つきだと信じる」は真です。推論規則により、Xは、Rが嘘つきだと信じることにします。公理2により、「Xは、Rが嘘つきだと信じること」自体をXは信じます。一方、XはRが嘘つきだと信じるのだから、Rの発言の否定を信じることになります。公理2により、「Xは、Rが嘘つきだと信じないこと」自体をXは信じます。しかし、これは矛盾ですね。

そこでXは、自分が無矛盾だと信じているわけですから、Rが正直だという仮定を信じないことにします。推論規則により、Xは、Rが嘘つきだと信じます。ところが、これは、Rの発言であるため、矛盾します。そこで、Xは、やはりRが正直だと信じます。ここで、振り出しに戻るわけです。

この時点で、Xは、自分が無矛盾であることを、もはや信じることができなくなります。なお、ここでは公理1を用いていませんが、厳密な証明においては必要になります。

要するに、「私は嘘つきである」という発言は、自己言及のパラドックスを生じさせますが、スマリヤン教授の「君は私が嘘つきだと信じる」という発言は、相手を引き込んで、「相互言及のパラドックス」を生じさせているわけです。

ぬきうちテストのパラドックスの解決

司会者　ということは、ぬきうちテストのパラドックスは「相互言及のパラドックス」の一種だということですか？

論理学者 スマリヤン教授も私も、そのように考えています。

ここで、もう一度、スマリヤン教授の掲示板を見てみましょう。

> 要項1　いずれかの日にテストを行う。
> 要項2　どの日にテストを行うかは、当日にならなければわからない。

ここで注意してほしいのは、要項1の「いずれかの日にテストを行う」という部分の主語がスマリヤン教授であるのに対して、要項2の「当日にならなければわからない」という部分の主語が、学生であることです。学生は、これらの要項を理性的に解釈しようとしますが、理性的であることが理由で、学生自身が矛盾に陥る仕組みになっているのです！スマリヤン教授によると、この講義要項は、認知論理システムにおける決定不可能命題と同等であり、この事実が、パラドックスの核心なのです！

まず学生が要項1を信じるとすると、要項2は偽になる……。この意味で、学生Bの考え方は、正しかったのです。一方、要項2を信じるとすると、要項1は偽になります。これをシステムの「外から」見ると、学生が教授を信じるときにかぎって要項全体は偽になり、学生が教授を信じないときにかぎって要項全体は真になるのです。

大学生A それでは、私たちは、単純にスマリヤン教授を信じればよいのではないでしょうか？　そうすれば、「間違っている」のは教授であり、私たちには少なくとも責任はないことになります。

論理学者 なるほど、おもしろい！　しかし、あなたがた学生諸君は、理性的であることが理由で、「間違っている」こと自体を信じることができないことに注意してください。というのは、ここではあなたがたは認知論理システムK_4にしたがうという前提があって、そのシステム内部で「間違っている」ことを信じると、あなたがた自身が、矛盾に陥る仕組みになっているからです。

ここで、金曜日の様子を再現してみましょう。

教授 それでは、今からテストを行う。

大学生B テストは不可能なはずです。なぜなら、昨日までテストがなかったから、テストは今日行われるに違いないとわかってしまいます。これは、先生の講義要項2に矛盾します！

教授 しかしね、君は、テストが今日行われないと思っていたんだろう？　それならば、ぬきうちテストは成立しているじゃないか！
大学生B　そう言われると、たしかに私は、テストは行われないと思っていました。
教授　したがって、講義要項2に矛盾しない。それでは、テストを行う。
大学生C　待ってください。私は、Bさんと先生の会話を予期していました。そのうえで、先生はテストを行うとわかっていました。
教授　なんだって。君は、そこまでわかっていたのか。それでは、私が自己矛盾してしまう。テストはやめた。
大学生D　待ってください。僕は、Cさんと先生の会話も予期していました。そのうえで、先生はテストを行わないとわかっていました。
教授　そうなると、私はテストを行わなければならない。でなければ、私が自己矛盾してしまう。やはり、テストを行う。
大学生E　待ってください。……

この会話は、永遠に続き、決定不可能なのです。結局、スマリヤン教授は、自分と学生の間に相互言及的な決定不可能命題を設定しました。そして、この命題は、B・C・D・E……と続く大学生の発言のように、理性的に考えれば考えるほど、理性では解決不可能な信念の深みに陥る構造になっているのです！

数理経済学者　驚きました！　その「無限循環」は、まさにノイマンとモルゲンシュテルンが『ゲーム理論と経済活動』で分析したホームズとモリアーティのジレンマとそっくりじゃないですか！

論理学者　たしかに、似ていますね。一般に、ゲーム理論においても、参加するプレーヤーは「理性的」な認知論理システムとして想定されているわけで、スマリヤン教授は、その状況を認知論理の公理系で厳密に表現したと言ってよいでしょう。

認知論理と人間理性

大学生A　そんなに深い話だったなんて……。私は、何も考えずに、そのまま先生のおっしゃることを受け止めていましたが……。

論理学者　そうですね。A子さんは、教授の講義要項を「論理学は、ぬきうちテストだから、毎日勉強しなければならない」と、何も考えずに受け止めましたね。これは、「私は嘘つきである」という発言を、日常会話では、何も考えずに、そのまま受け止めているのと似ています。しかし、この発言を論理的に分析すれば、自己言及のパラドックスであることがわかるでしょう。ぬきうちテストにおいても、B子さんのように論理的に解釈しようとすれば、ゲーデルの不完全性定理にいたる道筋を歩むことになるわけです。

カント主義者　つまり、A子は間抜けだが、B子は論理的に考えていたということだね？

運動選手　でも、B子さんは論理的に考えたというか、考えすぎたばかりに、結局、ぬきうちテストの罠にはまってしまったわけでしょう？

逆に、A子さんは、発言を深く受け止めなかったからこそ、その罠に陥ることはなかった！　そのように考えれば、A子さんのほうが賢いじゃないですか！

会社員　その状況は、チキンゲームで勝つために、最も非合理な戦略が、実は最も合理的な戦略になっている場面に似ていませんか？

数理経済学者　おっしゃるとおりですね。これまで私は、まったくの畑違いだと思って論理学を正式に学んでいませんでしたが、認知論理は研究してみる価値がありそうです。

論理学者　なるほど、ゲーム理論と認知論理を結合させるとは、なかなか興味深いテーマですね。ぜひ私も研究してみようと思います。

さて、スマリヤンの用いた認知論理システムK_4においては、「Pを信じるときにかぎってPではない」という決定不可能命題を厳密に構成できるのです。この命題は、「Pを信じないときにかぎってPである」という命題と同値です。

ぬきうちテストのパラドックスは、「学生が教授を信じるときにかぎって、要項全体は偽になる」か「学生が教授を信じないときにかぎって、要項全体は真になる」ように構成されているわけです。

会社員　そうなると、仮に「認知論理システムK_4」というのが人間理性の信念体系を表しているとすると、不完全性定理によって、そこに決定不可能命題を構成できるわけだから、人間理性にも必然的にパラドックスが生じると、そういうことですか？

論理学者　まさに、そのとおりです。すばらしい理解力ですね！

会社員　それで、その「認知論理システムK_4」は、人間理性の信念体系と同等といえるのですか？

論理学者　実際に、そのように考えている認知科学者もいます。また、「K_4」とは異なる二個の公理が加わった「S_5」と呼ばれる認知論理システムこそが、人間理性を表現するとみなす哲学者もいますし、まったく別の公理系を主張する情報科学者もいます。

ロマン主義者　人間理性が認知論理システムと同等だって？　それでは、まるで人間が機械みたいじゃないか！　人間には血が流れている。泣いたり笑ったり、愛したり憎んだり、感情に溢れた存在だ。理性だって感情の影響を受けるだろう？　だったら、そんなに簡単にシステム化できるわけがないじゃないか！

4　論理的思考の限界と可能性

大学生A　たしかに、私なんて、ほとんど理性よりも感情で生きていると思います。それに、もし人間理性がなんらかの認知論理システムであったら、そこには理性的であるがゆえにパラドックスが生じてしまうわけですよね？　その意味では、逆に人間理性をシステム化できない方が、夢があって楽しい気がします。

司会者　ちょっと待ってください……。ゲーデルの不完全性定理は、自然数論に関する結果ですよね？　そもそもこの定理は、どこまで広げて適用できる考え方なのでしょうか？

論理学者　ゲーデルの証明方法は、自然数論を含む数学システムすべてに適用できます。

より一般的に、①一定の公理と推論規則によって構成され、②無矛盾であり、③自然数論を含む程度に複雑なシステムをSと呼びましょう。ゲーデルのオリジナル証明では、弱い「ω無矛盾性」が仮定されていましたが、一九三六年にプリンストン大学の論理学者ジョン・ロッサーの業績によって、強い「単純無矛盾性」に拡張されて、現在の不完全性定理の形式になっています。この「ゲーデル・ロッサーの不完全性定理」によれば、Sは真であるにもかかわらず決定不可能な命題Gを含み、さらに、Sの無矛盾性は、Sにおいて証明不可能です。

司会者　自然数論を含むということは、すべての数学に適用できるということですか？

論理学者　そうです。自然数論あるいは集合論は、あらゆる数学の基礎に位置するわけですから、不完全性定理から逃れて、全数学を公理化することは不可能であり、全数学を論理学に還元することも不可能だということになります。

さらに、数学を表現手段として含む物理学や科学全般のような広範囲のSの拡張システムについても、その根底に自然数論が位置するわけですから、やはり不完全です。先ほどからお話ししているように、Sを含む認知論理システムも、やはり不完全なのです！

会社員　逆に言えば、いかなる数学システムにおいても、すべての真理を証明することは、できないということですね？

論理学者　そうです。不完全性定理は、あらゆるSの拡張システムが、真であるにもかかわらず決定不可能な命題Gを含むことから、全数学を汲み尽くすことはもちろん、自然数論や集合論でさえ汲み尽くすことはできないことを明らかにしています。当然のことですが、このことから、すべての真理を証明するシステムが不可能であることも明らかになりました。いかなるシステムを用いても、すべての真理を汲み尽くすことはできないのです。

このことを論理的に表現すると、システム内部では「真理性」を定義できないという帰結になります。この事実を一九三六年に厳密に証明したのが、論理学者アルフレッド・タルスキーでした。これまでも何度かシステムを「外から」見て考えるという話をしましたが、タルスキーは、その言語階層における「真理性」を人工言語上で厳密に証明したのです。つまり「Sの真理性は、S内部では定義不可能である」わけで、こちらは「ゲーデル・タルスキーの不完全性定理」と呼ばれています。

神の非存在論

司会者　今、私は恐ろしいことに気付きました。不完全性定理は、自然数論を含むあらゆるシステムに適用できるのであれば、人間理性はもちろん、神にさえ適用できるのではありませんか？　そうなると、神も不完全だということですか？

論理学者　興味深い点にお気づきになりましたね！　実は、ニューヨーク州立大学の哲学者パトリック・グリムは、今おっしゃったとおりの発想から、不完全性定理の哲学的帰結として、神の非存在論を導いているのです！

司会者　つまり、神であっても論理にしたがうしかないということですか？

哲学史家　神であっても論理にしたがうのか、それとも、神であれば論理を超えることができるのか、という神学論争は、中世に盛んに行われました。

「どんなものでも突き通す矛」と「どんなものでも突き通せない盾」から、「矛盾」という言葉が生まれたことも、よく知られていますね。神であれば、このような矛と盾を持つことができるのか？　あるいは、神であっても、このような矛と盾を持つことは不可能なのか？　これにはいろいろと興味深い議論がありまして……。

論理学者　そうですね。そして、グリムの神の非存在論によれば、不完全性定理が、中世以来の神学論争を決着させることになります。というのは、「神」が、すべての真理を知る無矛盾な存在であれば、そのような「神」は存在しないからです！

証明は、非常に簡単です。すべての真理を知る「神」は、もちろん自然数論も知っているはずであり、自己矛盾するはずがありません。ところが、自然数論の不完全性定理によって、ゲーデル命題に相当する特定の多項方程式については、矛盾を犯すことなく、その真理を決定できません。よって、すべての真理を知る「神」は存在しません。

ロマン主義者　私は、そんな証明は信じないね。なぜなら神は、そのような理性を超えた存在だからだ。神を人間理性で捉えようとするような安易な発想が間違いで、人間理性などで捉えられないからこそ、神と言えるんだ。古代から伝わる「非合理ゆえに我信ず」という人類の箴言《しんげん》を、よく味わいたまえ！

論理学者　グリムも、彼の証明が否定しているのは「人間理性によって理解可能な神」であって、神学そのものを否定するわけではないと述べています。ただし、少なくとも、神は、いかなる形式的あるいは合理的な考察からも、本質的に認識不可能でなければならないことは明らかと言えます。つまり、神は、理性では認識不可能な存在なのです！

カント主義者　神を人間理性で認識できないことなど、すでにカントが明白に述べていることじゃないか！　カントの『単なる理性の限界内の宗教』によればだね……。

司会者　そのお話は、また別の機会にお願いします。

テューリング・マシン

会社員　人間理性が認知論理システムだとすると、人間も機械だということですか？

哲学史家　たしかに、議論の流れは「人間機械論」になっているようですな。

この言葉は、デカルトの二元論に対して、徹底した唯物論を主張した十八世紀の哲学者ラ・メトリの著書から取られました。彼は、人間を「自らぜんまいを巻く機械」と述べて宗教界に衝撃を与え、彼の『人間機械論』は、禁書処分になったのです。

生理学者　人間の脳は、百数十億の神経細胞で構成され、各細胞はインパルスを発生するか否かの状態にあります。この状態は、まさにコンピュータのデジタル化と同じように、物質世界の現象です。私たち多くの科学者は、デカルトが精神世界の現象と考えた知覚や意識は、脳神経系の因果過程に随伴して生じる現象だとみなしています。

司会者　つまり、人間の「心」は「脳」に還元されると考えるわけですね。

生理学者　そうです。現代の人間機械論は、さまざまな形で主張されています。タフツ大学の認知科学者ダニエル・デネットは、脳を「並列分散型ハードウエア」、心を「多元的ソフトウエアの集合体」とみなしています。オックスフォード大学の生物学者リチャード・ドーキンスが、人間を「利己的遺伝子を運ぶ生存機械」と定式化していることも、よく知られていますね。最近、ハーバード大学の心理学者スティーブン・ピンカーは、これらをまとめて、人間を「自然選択に基づく神経コンピュータ」だと定義しているくらいです。

論理学者　人間機械論の話は興味深いのですが、生物と非生物の議論も巻き込んで複雑になるので、ここでは人間理性と機械の関係に絞って、少し整理させてください。

一九三六年、ケンブリッジ大学の論理学者アラン・テューリングは、「思考」について客観的に議論することができるようにモデル化した「テューリング・マシン」の概念を定式化しました。その翌年、彼はプリンストン大学に移り、論理学者アロンゾ・チャーチと一緒に「チャーチ・テューリングの提唱」を行いました。これは、アルゴリズムで表現できるすべての「思考」は、テューリング・マシンの計算可能性と同等だという見解です。

運動選手　その「アルゴリズム」とは何ですか？

論理学者　アルゴリズムとは、なんらかの問題を解決したり、目的を達するための処理手順のことです。さまざまなアルゴリズムをプログラム言語で作成したものがコンピュータ・プログラムで、それに基づいてコンピュータは情報処理を行っているわけです。

要するに、つかみどころのない「思考」という概念が、チャーチ・テューリングの提唱以降はテューリング・マシンの計算可能性という明快な概念に置き換えられたわけです。

テューリング・マシンの限界

司会者　すると、人間はテューリング・マシンだということでしょうか？

論理学者　それは、現在も、認知科学者や情報科学者が論争を繰り広げている大問題ですね。

ただ、少なくとも、人間がテューリング・マシンだという主張は、人間のあらゆる思考をアルゴリズムに還元できるという主張と同等だということができます。言い換えれば、一定の公理と推論規則から構成される認知論理システムに還元できるということです。

不完全性定理についてみると、テューリングはゲーデルの証明の数学的要素を有限個の部品から構成された機械の概念に置き換え、「すべての真理を証明するテューリング・マシンは存在しない」という「ゲーデル・テューリングの不完全性定理」を証明しました。

会社員　なるほど。機械を使えば思考や数学の抽象概念が見えやすくなるわけですね。

論理学者　それほど意識していませんでしたが、言われてみればそうですね！

さて、テューリング・マシンに対しては、いくつかの重要な問題が提起されました。

まず、「決定問題」とは、任意のシステムSにおいて、Sの命題Xが証明可能か否かを決定するアルゴリズムの存在を問うものです。一九三七年、チャーチは、この問題を否定的に解決しました。つまり、特定の命題をSが導くか否かを、事前に知ることはできないのです。「任意のテューリング・マシンが何を導くかを事前に決定するアルゴリズムは存在しない」わけで、この結果は「チャーチの非決定性定理」と呼ばれています。

次に、「停止問題」とは、任意のアルゴリズムが、有限回のステップの後に停止するか否かを決定するアルゴリズムの存在を問うものです。同じ一九三七年、テューリングは、この問題も否定的に解決しました。つまり、アルゴリズムが停止するか否かを、事前に知ることもできないのです。「任意のテューリング・マシンがいつ停止するかを事前に決定するアルゴリズムは存在しない」わけで、この結果は「テューリングの停止定理」と呼ばれています。

大学生A　スマリヤン先生の論理学の授業に、何度かチャーチの定理の名前が出ました。

論理学者　チャーチは、テューリングやロッサーをはじめとする多くの優秀な論理学者を育てたことでも知られています。スマリヤン教授も、チャーチの下ですばらしい博士論文を完成させているんですよ。

大学生A　そうだったんですか！　ジョークばかりおっしゃるので、そんなにすごい先生だとは思いませんでした。

論理学者　実は、スマリヤンは、大変な不良少年だったため、何度も高校を追放されて、高校の卒業証書は持っていません。大学や大学院も転々としている中で論文を発表したのですが、これが抜群に優秀で、論理学会でも評判になりました。そのため彼は、大学の卒業証書も持たないまま、ダートマス大学の講師になってしまったという経歴の持ち主です。稀《まれ》に見る奇怪な人物ですから、今度スマリヤンの自伝を読んでごらんなさい。

大学生A　おもしろそうですね。読んでみます！

論理学者　さて、テューリング・マシンの定式化によって見出された基本的定理が、どれもその「限界」を示している点に注意してください。

ゲーデル・テューリングの不完全性定理は、いかなるテューリング・マシンもすべての真理を導けないことを示し、チャーチの定理は、テューリング・マシンが何を導くのかを事前に決定できないことを示し、テューリングの定理は、テューリング・マシンがいつ停止するかを事前に決定できないことを示しています。

したがって、仮に人間理性あるいは人間そのものがテューリング・マシンであれば、これらの限界を超えることは不可能だということになります。

運動選手　このシンポジウムの最初に、陸上競技でヒトが到達できる「究極の限界値」を伺ったことを思い出しました。人間理性にも、やはり超えられない限界が何種類もあるということなんですね……。

大学生A　その限界を見抜いたゲーデルも、やはり人間は機械だと信じていたのですか？

論理学者　それは興味深い質問ですね。実は、ゲーデル本人は、「人間精神は、いかなる有限機械をも上回る」あるいは「人間精神は、脳の機能に還元できない」という哲学的帰結を導いているのです。彼は、一九五一年、アメリカ数学会で伝説的な講演を行ったのですが、そこでこれらの帰結を述べた後、隠遁生活に入ってしまいました。

会社員　しかし、ゲーデルは、どうして不完全性定理を発見しながら、人間精神は機械を上回ると考えたのでしょうか？

論理学者　というよりも、逆に、ゲーデルは不完全性定理を発見したからこそ、人間精神の奥深さを立証したと考えたのです！

一九六一年、オックスフォード大学の哲学者ジョン・ルーカスは、ゲーデルの結論を再構成して、脳機能すべてをアルゴリズムに還元することは不可能だと主張しました。最近では、一九八九年、同じオックスフォード大学の物理学者ロジャー・ペンローズが、同じような結論を主張しています。

彼らの主張は、非常に単純化して一言でいうと、テューリング・マシンの限界を示す定理を証明した人間は、テューリング・マシンよりも優れているということになります。この点は、先の講演で明言はしていませんでしたが、実は、ゲーデル自身が信じていた主旨でもあります。彼らは、不完全性・非決定性・停止定理を証明するためには、アルゴリズムに還元できない思考力が必要だと考えているわけです。

会社員　なるほど！　もし人間がテューリング・マシンだったら、自己の思考の限界を示す不完全性定理を証明できなかったはずだということですね。

論理学者　非常に単純化して言えば、そういうことです。

仮に人間をテューリング・マシンと仮定すると、数学的真理に到達する数学者の思考も、一定のアルゴリズムに基づくものになります。その場合、ペンローズによれば、数学者全員が同等の普遍的アルゴリズムにしたがう必要があります。でなければ、数学者は、彼の理論を他者に伝達することもできず、数学の普遍性も説明できないからです。

ところが、一個の人間としてのゲーデルは、その普遍的アルゴリズム自体に対する不完全性定理を証明し、他の数学者もその帰結を理解することができます。この点をペンローズは矛盾とみなし、人間はテューリング・マシンではないと結論するわけです。

アルゴリズム的情報理論

司会者　その後、不完全性定理に関する議論に進展は見られたのでしょうか?

論理学者　ゲーデルの死から十五年後、不完全性定理を新たな視点から再構成する理論が開発されました。これが、一九八七年にIBMワトソン研究所の情報数学者グレゴリー・チャイティンが導いた「アルゴリズム的情報理論」です。

この理論の中心に位置する概念は、「ランダム性」です。まず、次の二つの数列を比較してみてください。

数列A　101010101010101010101010101010101010101010101010101010101010
数列B　10001111001010101000010101000101000101010000010101000110101000

数列Aは、「10の30回の繰り返し」と短く言い換えることができるでしょう？　このような数列は「圧縮可能」と呼ばれます。一方、数列Bは、コインを60回投げて、表ならば1、裏ならば0を書いたものです。このとき、数列Bには規則性がなく、これ以上短く言い換えることができないため、「圧縮不可能」と呼ばれます。

ランダム性は、「無作為」や「不規則」や「予測不可能」と訳されるように、直観的には理解できるにもかかわらず、数学的に定義することの困難な概念でした。ところが、チャイティンは、それ自体よりも圧縮できない数列を「ランダム」と定義することによって、この問題を解決したのです。

会社員　なるほど、おもしろいですね。私のパソコンでも、メモリー節約のために、画像や映像データを圧縮して保存しますが、あれもこのような圧縮を用いているわけですか？

論理学者　そうです。すでにお話ししたように、パソコンやCDのあらゆる情報は、結果的に0と1の数列で表現されているわけですから、規則性のある部分を短く言い換えて記録し直すことによって、そのビット数を節約しているわけです。

この概念を用いて、チャイティンは、「システムSにおいて、そのランダム性を証明不可能なランダム数Gが Sに存在する」という定理を証明しました。これは「ゲーデル・チャイティンの不完全性定理」と呼ばれています。

会社員　ランダム数Gというのは、ゲーデル命題Gと同じことですね？

論理学者　そのとおりです。証明は、簡単に言うと、次のようなものです。

まず、システムSの公理と推論規則を記述するプログラムを二進法にコード化した結果をnビットとします。Sは自然数論を含むので、その内部で任意の自然数を表現できるわけです。ここで、仮にSがnビットよりも長い数列のランダム性を証明できるならば、S内部には、そのランダム数を証明可能にするnビット以内のプログラムが存在することになります。しかし、ランダム性の定義により、nビットよりも長いランダム数は、それよりも圧縮されたプログラムでは表現不可能ですから、これは矛盾です。したがって、Sは、nビットよりも長い二進法数列にコード化される自然数のランダム性を証明できないことになります。

要するに、システムは、自己の情報量を超えたランダム性を決定できないのです。つまり、システムにインプットした以上のランダム情報を、システムはアウトプットできません。したがって、「自己プログラムを完全に理解するシステム概念」自体が成立不可能だと考えられるわけで、この点は見事に第二不完全性定理に対応しています。

究極の真理性Ω

司会者　第一不完全性定理や第二不完全性定理が、さまざまな研究分野に拡張されているということですね。

論理学者　そうです。一方、彼の見出した方法をテューリングの停止定理に適用するために、チャイティンは、ランダムに選択されたプログラムが、テューリング・マシンで動かされた場合に停止する確率Ωを定義しました。

仮に「Ω＝0」であれば、いかなるランダム・プログラムも停止しないし、「Ω＝1」であれば、すべてのランダム・プログラムが停止することを意味します。実際には、Ωは、通常の確率と同様に、0と1の間の実数として表されるはずです。

ここで、「公理系Sで命題Pは証明可能である」という命題を考えてみましょう。仮に、公理系Sと命題Pをともに記述するためにnビットが必要であれば、この問題は、nビットのプログラムの停止問題と同値になります。つまり、Pが証明可能あるいは反証可能であればプログラムは停止するし、決定不可能であれば停止しないはずです。

理論的には、もしΩの数値がnビットまでわかれば、長さがnビットまでの任意のプログラムについての停止問題を解くことができます。つまり、Ωには、有限な公理系の導くすべての問題に対する真理が含まれていることになります。ところが、チャイティンは、Ωが「完全にランダム」であることを証明したのです！

司会者　それはいったいどういうことですか？

論理学者　つまり、チャイティンは、すべてのプログラムから抽出したΩが、実際にはコイン投げによる数列と数学的になんの相違もない「完全にランダム」であることを証明したのです。チャイティンの言葉によれば、「私は、神が、物理学ばかりでなく、純粋数学においても、自然数論においてさえ、サイコロを振ることを証明した」ことになります。

運動選手　難解すぎて、途中から僕にはまったく理解できなくなってきました。それはいったいどういうことなのでしょうか？

論理学者　ハイゼンベルクが自然界の根底に不確定性が潜んでいることを発見したのと同じように、チャイティンは、真理性Ωが「完全にランダム」であることを導いたのです。

自然界や自然数論の究極の中心を覗いてみると、そこに見えてきたのは、確固たる実在や確実性ではなく、根源的な不確定性やランダム性が潜んでいたということなのです！

会社員　それは、本当に驚きですね……。私の世界観も、変わってきた気がします。

ロマン主義者　最後にパスカルの『パンセ』から「理性の最後の一歩は、理性を超える事物が無限にあるということを認めること」という言葉を引用しておこう。少なくとも我々は、理性の最後の一歩を踏み出したわけだ。その先には、再び新たな光明が見えているような気もするがね……。

合理的な愚か者

司会者　長時間のディスカッション、本当にお疲れさまでした。皆様の活発な討論を通して、さまざまな意味で「理性の限界」が見えてきた一方で、新たな研究の可能性も浮かび上がってきたと思います。

カント主義者　なんだ、このシンポジウムは、もう終わりかね？　しかし、カントの『純粋理性批判』に関する議論は、まだ始まってもいないじゃないか！　どうするつもりかね？

司会者　そのお話は、また別の機会にゆっくりお願いします。

会社員　私の日常生活からは、かけ離れていますが、非常に興味深いお話ばかりでした。それにしても、アロウの不可能性定理もハイゼンベルクの不確定性原理もゲーデルの不完全性定理も、あまり世の中では議論されていないようですが、人類にとってこんな重要な問題が、なぜあまり知られていないのでしょうか？

数理経済学者　それはよい質問ですね。おそらくそれは、一般の人々が日々の生活に追われていて、多くの研究者や学者でさえ、すぐに結果に到達できるような、成果の出しやすい問題ばかり追いかけているからだと思います。

経済学者のアマルティア・センは、理性の限界を認識せずに既存の合理性ばかりを追い求めている人を「合理的な愚か者」(Rational Fool) と呼んでいます。センは、利己的な経済活動だけでは社会的「善」を達成できないと考え、経済学に倫理学を融合させた斬新な議論を展開して、ノーベル賞を受賞しました。このように、開かれた研究姿勢が必要だと思います。

科学主義者　そうですね。物理学の世界でも、有能な若手研究者は、ハイゼンベルクの不確定性原理などに関心は持ちません。短期間で具体的な観測データや実験結果を挙げなければ理学博士になれないことも原因にあるでしょうが、それよりも心配なことは、最近の若手研究者に、感受性が欠如してきたように思えることです。

論理学者　たしかに、そうですね。ゲーデルの不完全性定理と聞いても、それは数学基礎論の非常に特殊な部分の話であって、自分の研究には関係がないし、まして理性の限界などの哲学的議論には興味がないという論理学や数学の若手研究者がいます。これは残念なことですね。

哲学史家　万学の祖アリストテレスは、すべての学問は、発見に対する「驚き」から始まると述べています。何かに好奇心を抱いたり、驚愕したり、感動したりする感受性が人間から欠如するようになってしまったら……。

ロマン主義者　そして、愛したり苦しんだり、一緒に笑ったり泣いたりできないようだったら、そんな人間は、生ける屍だ！

大学生A　なにもわからなかった私でも、たくさんの皆さんに教えていただいて、いろいろなことを学ぶことができました。本当にありがとうございました。

運動選手　僕は話の内容は半分くらいしか理解できませんでしたが、おもしろかったです。それに、ここに来てA子さんと会えてよかった。今度はぜひ、僕の競技を見にきてください！

司会者　それでは皆様、本当にありがとうございました。
　ただいまからは懇親会ということで、世界各国の料理をお楽しみください。それでは、シャンパンで乾杯したいと思います。またいつか、お会いしましょう！

おわりに

最初に「アロウの不可能性定理」のことを私に教えてくださったのは、ミシガン大学のアラン・ギバード教授である。といっても、大学院で〈論理学〉を専攻していた私は、〈倫理学〉を中心に講義されていた先生の授業を受けていたわけではなかった。なにかのシンポジウムの後の立食パーティで、「君はゲーデルを研究しているそうだが、社会科学の分野にも不完全性定理のような事実があることを知っているかね」と、ワイングラスを振り回しながら教えてくださったのである。

当時の私は、先生が「ギバード・サタースウェイトの定理」を証明されたことさえ知らなかったが、畏れ多いことに、ギバード先生は、コンドルセのパラドックスからアロウの不可能性定理にいたる概略を、紙ナプキンに図を書きながら丁寧に説明してくださった。そのおかげで、私は社会科学の分野にも衝撃的な世界があることを知ることができたばかりか、それ以上にありがたかったのは、先生が、狭い専攻分野だけに拘泥《こうでい》していた私の視野を広げてくださったことである。

帰国後しばらくして、私は新設された城西国際大学に奉職することになった。そこに大阪大学を退官して新たに赴任されたのが、森田正人教授である。ちょうど出講日が重なっていたこともあって、勤務した四年の間、顔を合わせるたびに雑談をさせていただいた。ただし、雑談といっても、森田先生と世間話などしても話が途切れてしまうため、先生との会話は、結果的に、常に物理学に関する話題になるのである。そこで、「ハイゼンベルクの不確定性原理」をはじめ、パリティ非保存発見当時の物理学界の状況や、ノーベル賞受賞直前だったコロンビア大学の研究室の熱気など、実に興味深い話を伺うことができた。

その後もさまざまな研究者と会うたびに実感したことだが、ギバード教授や森田教授のような一流の研究者に何かを教えていただくには、「雑談」が最もわかりやすいし楽しいのである。たとえば、ギバード教授の講義は、小声で聞き取りにくく内容も難解だという評判だったが、パーティの際の先生は、いたって陽気に実例を中心に話を進めてくださった。森田教授の論文は、慎重に議論を積み重ねることで知られ、その内容も相当の知識がなければ理解できないが、雑談では思いきり飛躍した愚問にもすぐに答えてくださる。

「アロウの不可能性定理」と「ハイゼンベルクの不確定性原理」に関する文献もその後かなり読んだが、私にとっては先生方との雑談が最も衝撃的で胸に響いたのである。

「ゲーデルの不完全性定理」については、本文からもおわかりいただけると思うが、インディアナ大学のレイモンド・スマリヤン教授から大きな影響を受けている。これまでに私は、スマリヤン先生の専門書『ゲーデルの不完全性定理』（丸善）と解説書『哲学ファンタジー』（丸善）と自叙伝『天才スマリヤンのパラドックス人生』（講談社）の三冊を訳させていただいたが、そこで感銘を受けたのは、いかに難解な概念を簡潔にエレガントに証明するか、より明快に議論を進めるにはどうするべきか、そして、読者の題材への興味を喚起するためには何が必要か、背後に無数の努力の跡が見られる点である。

本書において、「アロウの不可能性定理」と「ハイゼンベルクの不確定性原理」と「ゲーデルの不完全性定理」をまとめて『理性の限界』を探究するという無謀な試みに際して、私が最大の目標にしたのも、なによりも読者に知的刺激を味わっていただくことである。ギバード教授や森田教授と交わした雑談のような形式に、スマリヤン教授のパズルやアナロジーなども織り交ぜて、あくまで楽しみながら考えるという趣旨を優先したつもりである。

本書に登場する多彩な分野の専門家も、「大学生」や「会社員」のような普通の人々も、議論の展開にちょうど都合がよいように適当に登場させた架空の人物像である（何人登場させたか自分でも覚えていない）。彼らの発言の中には、かなりの飛躍や厳密性に欠ける論法も含まれているが、このような話題に興味を持っていただくために、あえて「カント主義者」や「ロマン主義者」的な極論を示した面もあることをご了承いただきたい。その先の本格的な議論に関しては、参考文献を参照していただければ幸いである。

なお、とくに相対論と量子論の解説については心配な面もあったので、神戸大学名誉教授の松田卓也氏に第二章を読んでいただき、いくつかのアドバイスを頂戴した。その際、この分野の第一人者である松田氏から「とてもおもしろい」と感想をいただいたことは、大きな励みとなった。この場を借りて厚くお礼を申し上げたい。ただし、本書のすべての内容については、もちろん私の文責であることをお断りしておく。

最後に、本書成立のいきさつについて触れておきたい。一九九九年八月、拙著『ゲーデルの哲学』が講談社現代新書より発行された。その最後の「おわりに」でもお詫びしたことだが、原稿を提出するまでに当初の約束から七年も過ぎてしまい、とくに編集者の上田哲之氏には大変な御迷惑を掛けてしまったのである。

しかし、ともかく発行された時点では編集者も筆者も上機嫌となり、楽しく祝杯をあげたところまではよかった。ゲーデルの不完全性定理からハイゼンベルクの不確定性原理、さらにアロウの不可能性定理へと人類の到達した限界論に話が広がり、もともと哲学出身でこのような話の大好きな上田氏が、「おもしろい！　次はそれを出しましょう」と言われて、すぐに『理性の限界』という題名の本を書くことに話が決まったのである。

ところが、その後いろいろと個人的な事情が重なったこともあるのだが、基本的には私の怠惰のため、再び、原稿が進まなくなった。最初は、題名からしても、二十世紀末に出せばピッタリだという予定だったが、それが二十一世紀の始まる二〇〇一年でもよいかという話になり、二〇〇四年になると、現代新書の表紙が一新されるので、それに合わせて出版すればよいとか、二〇〇六年には、ゲーデルの生誕百周年に合わせようという話もあったのだが、いつの間にか時間が過ぎ去ってしまった。そして、書き上げるまでに、今度は八年もかかってしまったのである！

編集者だった上田氏は、その間に現代新書出版部長から選書メチエ出版部長と担当部署を移られた。それにもかかわらず、本書については自分の責任だからと最後まで編集を担当してくださった。厚くお詫びとお礼を申し上げたい。

國學院大學の同僚諸兄、ゼミの学生諸君、情報文化研究会のメンバー諸氏には、さまざまな視点からヒントや激励をいただいた。それに、家族と友人のサポートがなければ、本書は完成しなかった。助けてくださった皆様に、心からお礼を申し上げたい。

高橋昌一郎

二〇〇八年四月二十八日——ゲーデルの生誕百二周年を祝して

参考文献

本書の性格上、本文中に出典の注は付けなかったが、本書で用いた事実情報は、原則的に以下の文献から得たものである。なお、本書で扱った話題は多岐にわたり、推奨文献も際限なく挙げることができるのだが、紙面の都合から代表的な主要文献にとどめてあることをご了承いただきたい。

序章　理性の限界とは何か

人間の生理的限界の議論については［1］、「究極の限界値」はモントリオール大学運動科学研究グループの［2］の数値を参照した。

［1］Francis Ashcroft, *Life at the Extremes*, London: HarperCollins, 2000.［フランセス・アッシュクロフト（矢羽野薫訳）『人間はどこまで耐えられるのか』河出書房新社、二〇〇二年］

［2］François Peronnet and Gaborit Thibault, "Mathematical Analysis of Running Performance and World Running Records," *Journal of Applied Physiology*: 67, pp.453-465 (1989).

第一章　選択の限界

「投票のパラドックス」は［10］・［16］・［19］、「アロウの不可能性定理」は［3］・［4］・［15］、「囚人のジレンマ」は［8］・［17］・［18］、「合理的選択の限界と可能性」は［5］・［7］・［14］をとくに参照した。「パウロスの全員当選モデル」については［16］の数値を参照した。なお本章と拙著［47］に重複内容があることをお断りしておきたい。

［3］Kenneth Arrow, *Social Choice and Individual Values*, New York: Wiley, 1951.［ケネス・アロ

ウ（長名寛明訳）『社会的選択と個人的評価』日本経済新聞社、一九七七年］
［4］Kenneth Arrow, *The Limits of Organization*, New York: Norton, 1974.［ケネス・アロウ（村上泰亮訳）『組織の限界』岩波書店、一九九九年］
［5］Robert Axelrod, *The Evolution of Cooperation*, New York: Basic Books, 1984.［ロバート・アクセルロッド（松田裕之訳）『つきあい方の科学』ミネルヴァ書房、一九九八年］
［6］Robert Axelrod and Michael Cohen, *Harnessing Complexity*, New York: The Free Press, 1999.［ロバート・アクセルロッド／マイケル・コーエン（高木晴夫監訳）『複雑系組織論』ダイヤモンド社、二〇〇三年］
［7］David Barash, *The Survival Game*, New York: Holt, 2003.［デイヴィッド・バラシュ（桃井緑美子訳）『ゲーム理論の愉しみ方』河出書房新社、二〇〇五年］
［8］Morton Davis, *Game Theory*, New York: Basic Books, 1970.［モートン・デービス（桐谷維・森克美訳）『ゲームの理論入門』講談社ブルーバックス、一九七三年］
［9］Avinash Dixit and Barry Nalebuff, *Thinking Strategically*, New York: Norton, 1991.［アビナッシュ・ディキシット／バリー・ネイルバフ（菅野隆・嶋津祐一訳）『戦略的思考とは何か』ＴＢＳブリタニカ、一九九一年］
［10］Allan Gibbard, *Wise Choices, Apt Feelings*, Cambridge, MA: Harvard University Press, 1990.
［11］Shaun Heap and Yanis Varoufakis, *Game Theory*, London: Routledge, 1995.［ショーン・ヒープ／ヤニス・ファロファキス（荻沼隆訳）『ゲーム理論』多賀出版、一九九八年］
［12］Douglas Hofstadter, *Metamagical Games*, New York: Basic Books, 1985.［ダグラス・ホフスタッター（竹内郁雄・斉藤康己・片桐恭弘訳）『メタマジック・ゲーム』白揚社、一九九〇年］
［13］William Lucas, *Game Theory and Its Applications*, Billoxi, MISS: American Mathematical

Society, 1979.
［14］ Sylvia Nasar, *A Beautiful Mind*, New York: Simon and Schuster, 1998. ［シルヴィア・ナサー（塩川優訳）『ビューティフル・マインド』新潮社、二〇〇二年］
［15］ 大谷和『「アロウの一般不可能性定理」の分析と批判』時潮社、一九九六年。
［16］ John Paulos, *Beyond Numeracy*, New York: Knopf, 1991. ［ジョン・パウロス（河野至恩訳）『数学するヒント』白揚社、一九九七年］
［17］ William Poundstone, *Prisoner's Dilemma*, New York: Doubleday, 1992. ［ウィリアム・パウンドストーン（松浦俊輔訳）『囚人のジレンマ』青土社、一九九五年］
［18］ Anatol Rapoport and Albert Chammah, *Prisoner's Dilemma*, Ann Arbor, MI: The University of Michigan Press, 1965.
［19］ 佐伯胖『「きめ方」の論理』東京大学出版会、一九八〇年。
［20］ Amartya Sen, *Choice, Welfare and Measurement*, Cambridge, MA: MIT Press, 1982. ［アマルティア・セン（大庭健・川本隆史訳）『合理的な愚か者』勁草書房、一九八九年］
［21］ John von Neumann and Oskar Morgenstern, *Theory of Games and Economic Behavior*, Princeton: Princeton University Press, 1944. ［ジョン・フォン・ノイマン／オスカー・モルゲンシュテルン（銀林浩監訳）『ゲームの理論と経済行動』東京図書、一九七二年］

第二章　科学の限界

「科学とは何か」は［22］・［23］・［24］、「ハイゼンベルクの不確定性原理」は［25］・［33］・［34］、「ＥＰＲパラドックス」は［27］・［36］・［46］、「科学的認識の限界と可能性」は［28］・［37］・［44］をとくに参照した。「二重スリット実験結果」の写真は、日立研究開発ホームページ（http://www.hqrd.hitachi.co.

jp/rd/research/em/doubleslit.cfm）より引用した。なお本章と拙著［47］に重複する内容があることをお断りしておきたい。

［22］Isaac Asimov, *Asimov's Chronology of Science and Discovery*, New York: Harper Collins, 1989.［アイザック・アシモフ（小山慶太・輪湖博訳）『アシモフの科学と発見の年表』丸善、一九九六年］

［23］John Barrow, *Impossibility*, Oxford: Oxford University Press, 1998.［ジョン・バロウ（松浦俊輔訳）『科学にわからないことがある理由』青土社、二〇〇〇年］

［24］John Barrow, *The Universe That Discovered Itself*, Oxford: Oxford University Press, 2000.［ジョン・バロウ（松浦俊輔訳）『宇宙に法則はあるのか』青土社、二〇〇四年］

［25］David Cassidy, *Uncertainty*, New York: Freeman, 1992.［デヴィッド・キャシディ（金子務監訳）『不確定性』白揚社、一九九八年］

［26］John Casti, *Paradigms Lost*, New York: William Morrow, 1989.［ジョン・キャスティ（佐々木光俊・小林傳司・杉山滋郎訳）『パラダイムの迷宮』白揚社、一九九二年］

［27］Robert Crease, *The Prism and the Pendulum*, New York: Random House, 2003.［ロバート・クリース（青木薫訳）『世界でもっとも美しい10の科学実験』日経BP社、二〇〇六年］

［28］Paul Feyerabend, *Against Method*, London: Verso, 1975.［ポール・ファイヤアーベント（村上陽一郎・渡辺博訳）『方法への挑戦』新曜社、一九八一年］

［29］Paul Feyerabend, *Killing Time*, Chicago: The University of Chicago Press, 1995.［ポール・ファイヤアーベント（村上陽一郎訳）『哲学、女、唄、そして…』産業図書、一九九七年］

［30］Richard Feynman, *The Meaning of It All*, Reading, MA: Perseus Books, 1998.［リチャード・ファインマン（大貫昌子訳）『科学は不確かだ！』岩波書店、一九九八年］

［31］Peter Gibbins, *Particles and Paradoxes*, Cambridge: Cambridge University Press, 1987.［ピータ

ー・ギビンズ（金子務・宇多村俊介訳）『量子論理の限界』産業図書、一九九二年］

［32］John Gribbin, *Schrödinger's Kittens and the Search for Reality*, London: Weidenfeld and Nicolson, 1995.［ジョン・グリビン（櫻山義夫訳）『シュレーディンガーの子猫たち』シュプリンガー・フェアラーク、一九九八年］

［33］Werner Heisenberg, *Physics and Beyond*, New York: Harper and Row, 1971.［ヴェルナー・ハイゼンベルク（山崎和夫訳）『部分と全体』みすず書房、一九七四年］

［34］Werner Heisenberg, *Physics and Philosophy*, New York: Harper and Row, 1958.［ヴェルナー・ハイゼンベルク（田村松平訳）『自然科学的世界像』みすず書房、一九九四年］

［35］John Hogan, *The End of Science*, New York: Addison Wesley, 1996.［ジョン・ホーガン（竹内薫訳）『科学の終焉』徳間書店、一九九七年］

［36］石井茂『ハイゼンベルクの顕微鏡』日経ＢＰ社、二〇〇六年。

［37］Thomas Kuhn, *The Structure of Scientific Revolutions*, Chicago: University of Chicago Press, 1962.［トーマス・クーン（中山茂訳）『科学革命の構造』みすず書房、一九七一年］

［38］松田卓也『正負のユートピア』岩波書店、一九九六年。

［39］Marvin Minsky, *The Society of Mind*, New York: Simon and Schuster, 1986.［マーヴィン・ミンスキー（安西祐一郎訳）『心の社会』産業図書、一九九〇年］

［40］Walter Moore, *Schrödinger*, Cambridge: Cambridge University Press, 1989.［ウォルター・ムーア（小林澈郎・土佐幸子訳）『シュレーディンガー』培風館、一九九五年］

［41］森田正人『文系にもわかる量子論』講談社現代新書、二〇〇二年。

［42］Abraham Pais, *A Tale of Two Continents*, Princeton: Princeton University Press, 1997.［アブラハム・パイス（杉山滋郎・伊藤伸子訳）『物理学者たちの20世紀』朝日新聞社、二〇〇四年］

［43］Roger Penrose, *The Emperor's New Mind*, Oxford: Oxford University Press, 1989.［ロジャー・ペンローズ（林一訳）『皇帝の新しい心』みすず書房、一九九四年］
［44］Karl Popper, *The Logic of Scientific Discovery*, London: Harper and Row, 1959.［カール・ポパー（大内義一・森博訳）『科学的発見の論理』恒星社厚生閣、一九七二年］
［45］Michael Redhead, *Incompleteness, Nonlocality, and Realism*, Oxford: Oxford University Press, 1987.［マイケル・レッドヘッド（石垣壽郎訳）『不完全性・非局所性・実在主義』みすず書房、一九九七年］
［46］佐藤勝彦『相対性理論と量子論』ＰＨＰ研究所、二〇〇六年。
［47］高橋昌一郎『科学哲学のすすめ』丸善、二〇〇二年。

第三章　知識の限界

「ぬきうちテストのパラドックス」は［60］・［63］・［64］、「ゲーデルの不完全性定理」は［52］・［61］・［67］、「認知論理システム」は［39］・［55］・［60］、「論理的思考の限界と可能性」は［48］・［50］・［54］をとくに参照した。なお本章と拙著［63］および［64］に重複部分があることをお断りしておきたい。

また、［70］は私のメール・アドレスである。本書に関するご意見やご感想を頂戴できれば幸いである。

［48］Gregory Chaitin, *Algorithmic Information Theory*, Cambridge: Cambridge University Press, 1987.
［49］Gregory Chaitin, *Conversations with a Mathematician*, New York: Springer, 2002.［グレゴリー・チャイティン（黒川利明訳）『セクシーな数学』岩波書店、二〇〇三年］
［50］Gregory Chaitin, *Meta Math!*, New York: Pantheon Books, 2005.［グレゴリー・チャイティン（黒川利明訳）『メタマス！』白揚社、二〇〇七年］
［51］John Dawson, *Logical Dilemmas*, New York: AK Peters, 1997.［ジョン・ドーソン（村上祐子・

塩谷賢訳）『ロジカル・ディレンマ』新曜社、二〇〇六年］

［52］Kurt Gödel, "Über formal unentscheidbare Sätze der Principia mathematica und verwandter Systeme I," in Solomon Feferman et al. eds., *Kurt Gödel Collected Works Vol. I*, Oxford: Oxford University Press, pp.144-195, 1986.［クルト・ゲーデル（林晋・八杉満利子訳）『不完全性定理』岩波文庫、二〇〇六年］

［53］Kurt Gödel, "Some Basic Theorems on the Foundations of Mathematics and Their Implications," in Solomon Feferman et al. eds., *Kurt Gödel Collected Works Vol. III*, Oxford: Oxford University Press, pp.304-323, 1995.［クルト・ゲーデル（高橋昌一郎訳）「数学基礎論における幾つかの基本的定理とその帰結」、『現代思想：特集ゲーデル』青土社、八〜二七ページ、二〇〇七年］

［54］Patrick Grim, *The Incomplete Universe*, Cambridge, MA: MIT Press, 1991.

［55］Douglas Hofstadter, *Gödel, Escher, Bach*, New York: Basic Books, 1979.［ダグラス・ホフスタッター（野崎昭弘・林一・柳瀬尚紀訳）『ゲーデル、エッシャー、バッハ』白揚社、一九八五年］

［56］Douglas Hofstadter and Daniel Dennett, *The Mind's I*, New York: Basic Books, 1981.［ダグラス・ホフスタッター／ダニエル・デネット（坂本百大監訳）『マインズ・アイ』ＴＢＳブリタニカ、一九八四年］

［57］飯田隆編『数学の哲学』勁草書房、一九九五年。

［58］飯田隆編『論理の哲学』講談社選書メチエ、二〇〇五年。

［59］三浦俊彦『論理学がわかる事典』日本実業出版社、二〇〇四年。

［60］三浦俊彦『論理パラドクス』二見書房、二〇〇二年。

［61］Raymond Smullyan, *5000 B.C. and Other Philosophical Fantasies*, New York: St. Martin's Press, 1983.［レイモンド・スマリヤン（高橋昌一郎訳）『哲学ファンタジー』丸善、一九九五年］

［62］Raymond Smullyan, *Forever Undecided*, New York: Alfred Knopf, 1987.［レイモンド・スマリヤン（長尾確・田中朋之訳）『決定不能の論理パズル』白揚社、一九九〇年］
［63］Raymond Smullyan, *Gödel's Incompleteness Theorems*, Oxford: Oxford University Press, 1992.［レイモンド・スマリヤン（高橋昌一郎訳）『ゲーデルの不完全性定理』丸善、一九九六年］
［64］Raymond Smullyan, *Some Interesting Memories*, Davenport, IOWA: Thinkers' Press, 2002.［レイモンド・スマリヤン（高橋昌一郎訳）『天才スマリヤンのパラドックス人生』講談社、二〇〇四年］
［65］高橋昌一郎『ゲーデルの哲学』講談社現代新書、一九九九年。
［66］高橋昌一郎「ぬきうちテストのパラドックス」、林晋編『パラドックス！』日本評論社、一六六～一八六ページ、二〇〇〇年］
［67］竹内外史『ゲーデル』日本評論社、一九九八年。
［68］竹内外史『数学的世界観』紀伊國屋書店、一九八二年。
［69］田中一之編『ゲーデルと20世紀の論理学』全四巻、東京大学出版会、二〇〇六～二〇〇七年。
［70］takahasi@kokugakuin.ac.jp

講談社現代新書　1948

理性《りせい》の限界《げんかい》——不可能性《ふかのうせい》・不確定性《ふかくていせい》・不完全性《ふかんぜんせい》

二〇〇八年六月二〇日第一刷発行　二〇二四年三月一二日第二二刷発行

著　者　高橋昌一郎《たかはししょういちろう》　

発行者　森田浩章

発行所　株式会社講談社

東京都文京区音羽二丁目一二—二一　郵便番号一一二—八〇〇一

電　話　〇三—五三九五—三五二一　編集（現代新書）
〇三—五三九五—四四一五　販売
〇三—五三九五—三六一五　業務

装幀者　中島英樹

印刷所　株式会社ＫＰＳプロダクツ

製本所　株式会社ＫＰＳプロダクツ

定価はカバーに表示してあります　Printed in Japan

N.D.C.116　274p　18cm
ISBN978-4-06-287948-4

「講談社現代新書」の刊行にあたって

教養は万人が身をもって養い創造すべきものであって、一部の専門家の占有物として、ただ一方的に人々の手もとに配布され伝達されうるものではありません。

しかし、不幸にしてわが国の現状では、教養の重要な養いとなるべき書物は、ほとんど講壇からの天下りや単なる解説に終始し、知識技術を真剣に希求する青少年・学生・一般民衆の根本的な疑問や興味は、けっして十分に答えられ、解きほぐされ、手引きされることがありません。万人の内奥から発した真正の教養への芽ばえが、こうして放置され、むなしく滅びさる運命にゆだねられているのです。

このことは、中・高校だけで教育をおわる人々の成長をはばんでいるだけでなく、大学に進んだり、インテリと目されたりする人々の精神力の健康さえもむしばみ、わが国の文化の実質をまことに脆弱なものにしています。単なる博識以上の根強い思索力・判断力、および確かな技術にささえられた教養を必要とする日本の将来にとって、これは真剣に憂慮されなければならない事態であるといわなければなりません。

わたしたちの「講談社現代新書」は、この事態の克服を意図して計画されたものです。これによってわたしたちは、講壇からの天下りでもなく、単なる解説書でもない、もっぱら万人の魂に生ずる初発的かつ根本的な問題をとらえ、掘り起こし、手引きし、しかも最新の知識への展望を万人に確立させる書物を、新しく世の中に送り出したいと念願しています。

わたしたちは、創業以来民衆を対象とする啓蒙の仕事に専心してきた講談社にとって、これこそもっともふさわしい課題であり、伝統ある出版社としての義務でもあると考えているのです。

一九六四年四月　野間省一

哲学・思想Ⅰ

哲学・思想Ⅱ

宗教

Ⓒ

日本史Ⅰ

Ⓖ

日本史Ⅱ

2319 昭和陸軍全史3——川田稔
2328 タモリと戦後ニッポン 近藤正高
2330 弥生時代の歴史——藤尾慎一郎
2343 天下統一——黒嶋敏
2351 戦国の陣形——乃至政彦
2376 昭和の戦争——井上寿一
2380 刀の日本史——加来耕三
2382 田中角栄——服部龍二
2394 井伊直虎——夏目琢史
2398 日米開戦と情報戦——森山優
2401 愛と狂瀾のメリークリスマス 堀井憲一郎
2402 ジャニーズと日本——矢野利裕
2405 織田信長の城——加藤理文
2414 海の向こうから見た倭国 高田貫太
2417 ビートたけしと北野武 近藤正高
2428 戦争の日本古代史——倉本一宏
2438 飛行機の戦争 1914-1945——一ノ瀬俊也
2449 天皇家のお葬式——大角修
2451 不死身の特攻兵——鴻上尚史
2453 戦争調査会——井上寿一
2454 縄文の思想——瀬川拓郎
2460 自民党秘史——岡崎守恭
2462 王政復古——久住真也

世界史Ⅰ

世界史Ⅱ

959 東インド会社――浅田實
971 文化大革命――矢吹晋
1085 アラブとイスラエル　高橋和夫
1099 「民族」で読むアメリカ　野村達朗
1231 キング牧師とマルコムX　上坂昇
1306 モンゴル帝国の興亡〈上〉――杉山正明
1307 モンゴル帝国の興亡〈下〉――杉山正明
1366 新書アフリカ史――宮本正興　松田素二 編
1588 現代アラブの社会思想　池内恵
1746 中国の大盗賊・完全版――高島俊男
1761 中国文明の歴史――岡田英弘
1769 まんが パレスチナ問題　山井教雄
1811 歴史を学ぶということ　入江昭
1932 都市計画の世界史――日端康雄
1966 〈満洲〉の歴史――小林英夫
2018 古代中国の虚像と実像　落合淳思
2025 まんが 現代史――山井教雄
2053 〈中東〉の考え方――酒井啓子
2120 居酒屋の世界史――下田淳
2182 おどろきの中国　橋爪大三郎　大澤真幸　宮台真司
2189 世界史の中のパレスチナ問題　臼杵陽
2257 歴史家が見る現代世界　入江昭
2301 高層建築物の世界史　大澤昭彦
2331 続 まんが パレスチナ問題　山井教雄
2338 世界史を変えた薬　佐藤健太郎
2345 鄧小平――エズラ・F・ヴォーゲル　聞き手＝橋爪大三郎
2386 〈情報〉帝国の興亡――玉木俊明
2409 〈軍〉の中国史――澁谷由里
2410 入門 東南アジア近現代史　岩崎育夫
2445 珈琲の世界史――旦部幸博
2457 世界神話学入門――後藤明
2459 9・11後の現代史　酒井啓子

心理・精神医学

知的生活のヒント

文学

趣味・芸術・スポーツ

620 時刻表ひとり旅——宮脇俊三
676 酒の話——小泉武夫
1025 J・S・バッハ——礒山雅
1287 写真美術館へようこそ——飯沢耕太郎
1404 踏みはずす美術史——森村泰昌
1422 演劇入門——平田オリザ
1454 スポーツとは何か——玉木正之
1510 最強のプロ野球論——二宮清純
1653 これがビートルズだ 中山康樹
1723 演技と演出——平田オリザ
1765 科学する麻雀——とつげき東北
1808 ジャズの名盤入門——中山康樹

1890 「天才」の育て方——五嶋節
1915 ベートーヴェンの交響曲——金聖響 玉木正之
1941 プロ野球の一流たち 二宮清純
1970 ビートルズの謎——中山康樹
1990 ロマン派の交響曲——金聖響 玉木正之
2007 落語論——堀井憲一郎
2045 マイケル・ジャクソン——西寺郷太
2055 世界の野菜を旅する 玉村豊男
2058 浮世絵は語る——浅野秀剛
2113 なぜ僕はドキュメンタリーを撮るのか——想田和弘
2132 マーラーの交響曲——金聖響 玉木正之
2210 騎手の一分——藤田伸二
2214 ツール・ド・フランス 山口和幸

2221 歌舞伎　家と血と藝 中川右介
2270 ロックの歴史——中山康樹
2282 ふしぎな国道——佐藤健太郎
2296 ニッポンの音楽——佐々木敦
2366 人が集まる建築——仙田満
2378 不屈の棋士——大川慎太郎
2381 138億年の音楽史 浦久俊彦
2389 ピアニストは語る ヴァレリー・アファナシエフ
2393 現代美術コレクター 高橋龍太郎
2399 ヒットの崩壊——柴那典
2404 本物の名湯ベスト100 石川理夫
2424 タロットの秘密——鏡リュウジ
2446 ピアノの名曲——イリーナ・メジューエワ

日本語・日本文化

105 タテ社会の人間関係 — 中根千枝
293 日本人の意識構造 — 会田雄次
444 出雲神話 — 松前健
1193 漢字の字源 — 阿辻哲次
1200 外国語としての日本語 — 佐々木瑞枝
1239 武士道とエロス — 氏家幹人
1262 「世間」とは何か — 阿部謹也
1432 江戸の性風俗 — 氏家幹人
1448 日本人のしつけは衰退したか — 広田照幸
1738 大人のための文章教室 — 清水義範
1943 なぜ日本人は学ばなくなったのか — 齋藤孝
1960 女装と日本人 — 三橋順子

2006 「空気」と「世間」 — 鴻上尚史
2013 日本語という外国語 — 荒川洋平
2067 日本料理の贅沢 — 神田裕行
2092 新書 沖縄読本 — 下川裕治 仲村清司 著・編
2127 ラーメンと愛国 — 速水健朗
2173 日本人のための日本語文法入門 — 原沢伊都夫
2200 漢字雑談 — 高島俊男
2233 ユーミンの罪 — 酒井順子
2304 アイヌ学入門 — 瀬川拓郎
2309 クール・ジャパン!? — 鴻上尚史
2391 げんきな日本論 — 橋爪大三郎 大澤真幸
2419 京都のおねだん — 大野裕之
2440 山本七平の思想 — 東谷暁